文化全球化 與 全球在地化 景況中

日本文化教科書自他論述的策略

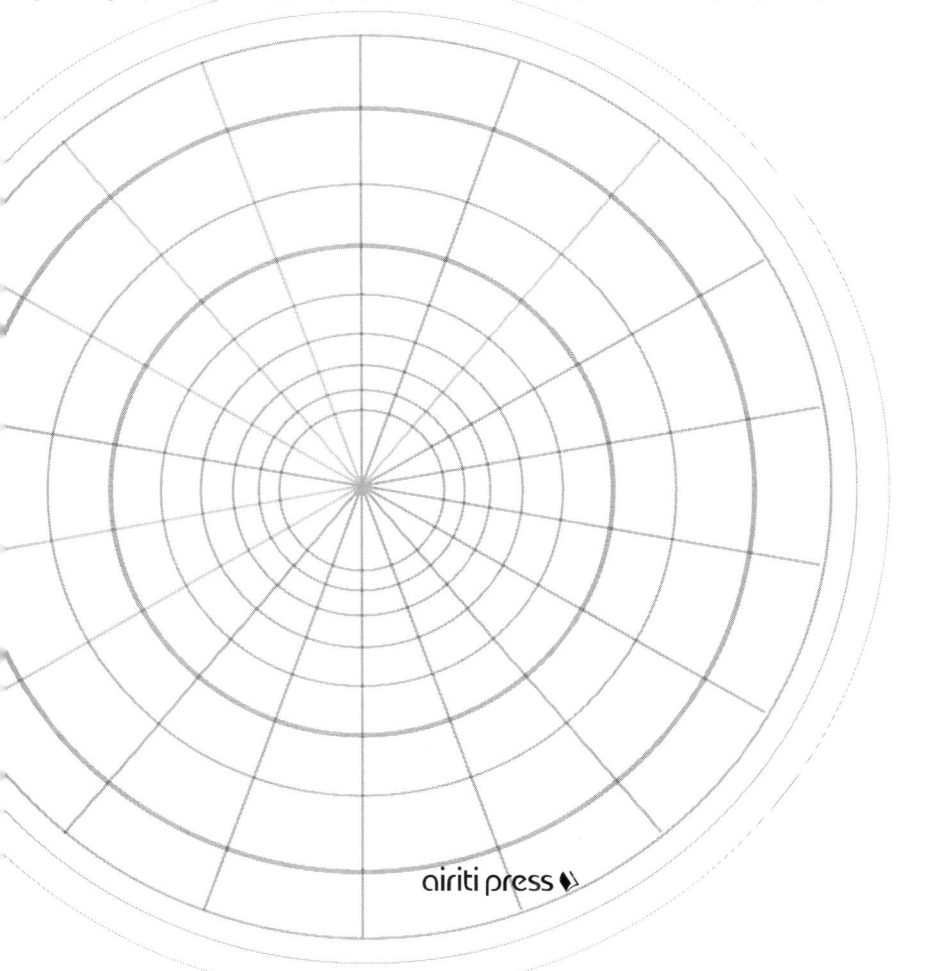

蔡嘉琪、魏世萍 著

airiti press

目次

緒論   001
    一、文化傳播的特質   003
    二、文化傳播與國家形象   006
    三、文化傳播與文化教科書   011

第一章　「文化全球化」與「全球在地化」   015
    一、「全球化」的歷史軌跡   015
    二、定義「全球化」   019
    三、「全球化」與「在地化」   024
    四、文化的「全球化」   027

第二章　「文化全球化」理論與「自他論述」之接合點   033
    一、「自他論述」的成因   033
    二、日本人論   038

第三章　「文化」的載體——「文化教科書」   043
    一、文化仲介者   044
    二、文化教科書研究的重要性   045
    三、「日本文化教科書」之研究   053

第四章　日本文化教科書之「自他論述」	057
一、日本文化教科書自他論述之現狀	057
二、日本文化教科書之檢驗尺規	062

第五章　文本事例分析——《日本剖析》	069
一、應以學習者母國的事物為比較點	070
二、不應以學習者母國以外其他國家的事物為比較點	073
三、應以世界整體排名為比較點	089
四、應說明目標文化與其他國家文化影響及傳承的關係	095
五、舉出不同文化之間的相同點加以說明	107

第六章　「全球化」語境下日本文化教科書之編撰策略	109
一、社會是活的	109
二、編輯策略之建議	113

附表　《日本剖析》各國事例一覽表	115

參考文獻	141

緒論

　　文化的衝突與融合，自東西遙隔天涯，時制遞嬗遲緩之初已然沉穩地進展。近年「全球化」（globalization）與「在地化」（localization）兩大趨勢相互錯逆抗拮成為課題，乃聲光化電之學大幅凝縮時空，加劇資訊流通的速度，催化其摩擦、衝突、交融在瞬間，急遽反應的結果。

　　觀察文化教科書的內容，實為「文化全球化」與「全球在地化」景況中「自他論述」的縮影，其內容往往承受國際社會裡政治、經濟、科技、文化等各種力量交錯形成的場域所影響，或牽引、排斥，或擴張、壓縮，或扭曲、矯揉。

　　在無可抗拒的「文化全球化」浪潮中，如何因應時局形塑「國家形象」，乘勢以「全球在地化」為槓桿，擬定適宜的文化教科書編撰策略，將具有主體性的文化特色推向「全球化」的洪流，不致陷入「文化民族主義者」的盲點，就成為「文化教科書」編撰者及研究者的首要課題。

　　本書訂名為《「文化全球化」與「全球在地化」景況中日本文化教科書自他論述的策略》，結構共分為七章，茲將各章節綱要分述如後。緒論一章由人類文化的起源談起，說明全球化語境之下文化傳播與國家形象的重要性，並探討「文化教科書」在這當中的定位。

　　第一章著眼於本書的重點——「全球化」，以其為中心，

首先回溯其發展的歷史進程。其次爬梳學界對「全球化」的論述，辨明「全球化」的定義，並析解與其密切相關的「在地化」概念。最後進入核心──「文化全球化」觀點，闡明其面向及方法。

延續前章「文化全球化」的議題，第二章進而說明「文化全球化」與「自他論述」的接合點。探討「文化全球化」下「自他論述」的成因，聚焦於日本人「自他論述」的特徵──「日本人論」。

第三章以「文化全球化」下「自他論述」的代表載體──「文化教科書」為主，從「文化教科書」的目的與作用，分析其對於不同理論層面的重要性。接著聚焦於「日本文化教科書」，闡釋「日本文化教科書」之研究價值。

以前三章論證的成果為研究基礎，在第四章當中套用於具代表性之「日本文化教科書」，析解其中「自他論述」的現狀。再者，根據社會學及文化人類學之理論，針對「日本文化教科書」提出五項檢驗尺規，並說明其內涵。

第五章當中，舉一「日本文化教科書」為文本，透過第四章所提出之五項檢驗尺規逐一驗證。由文本分析所得之結果，歸納出編者在教科書之中所採行之撰寫策略，深入探討教科書編輯者之「自他論述」心態。

對照比較理論與文本分析結果之間的差異，歸納在「文化全球化」與「全球在地化」景況中「文化教科書」應採行之撰寫策略。並進而提出「日本文化教科書」編撰之改善建議，以期對未來台灣「日本文化」教學及研究領域能有具體助益。

一、文化傳播的特質

「文化教育」的目的在於瞭解「人類如何生存，個體和團體如何建構起彼此瞭解的秩序和意義，以方便溝通」[1]。然而，若將「文化」置於「文化全球化」（cultural globalization）與「全球在地化」（glocalization）[2]的象限中，則上述定義就必須隨之提高次元，在「個體和團體」之上，追加「各團體之間」的因素，擴大解釋以反應現實。因為人類的生存或甚至文化的傳播，其主體未必僅限定於單一個體或團體，畢竟在全球化的趨勢之下，自我與他者之間的接觸與交涉必然會出現。這種現象與「多元文化主義」（pluralism）有著共通的意涵，取代了既往「同化主義」的思考模式，被視為學界的主流。多元主義在文化上的體現即為「多元文化觀，重視社會中各種文化的共存與溝通，強調不同族群之間的相互瞭解、包容、尊重以及欣賞」[3]。

---

[1] 湯林森《文化全球化》鄭棨元、陳慧慈譯（台北：韋伯文化，2002）p. 20（原著：John Tomlinson. *"Globalization and Culture."* Chicago: University of Chicago Press, 1999）。

[2] 誠如「glocalization」這個複合「globalization」與「localization」而成的新詞彙問世，寰宇諸邦已然凝結為「地球村」（global village），加以聲光化電等現代科技的催化，「全球化」已然成為現實生活的寫照。關於地球村的概念最早是由劍橋大學文學博士馬歇爾‧麥克魯漢提出的，麥克魯漢生於加拿大亞伯他省愛德蒙頓，曾任教於美國威斯康辛、聖路易、加拿大多倫多等大學，1980 年病逝於多倫多。1960 年代提出了「地球村」、「媒體即訊息」等概念，為人所熟知，數位時代來臨後，人們發現他的思想竟然如同預言一般一一應驗，因此稱他為「媒體先知」。《紐約前鋒論壇報》曾讚譽麥克魯漢為「自牛頓、達爾文、佛洛依德、愛因斯坦和巴甫洛夫以來最重要的思想家」。

[3] 關於「多元主義」的定義及說明詳參 Waters, Mary C. *"Ethnic Options: Choosing Identities in America."* Berkeley: University of California Press, 1990。引文出自何祥如、謝國斌〈當優勢族群遇到弱勢族群：評析多元主義在台灣的應用與實踐〉《教育研究月刊》2006 年 143 期（pp. 82-94）p. 85。

美國的社會學家愛德華・希爾斯（Edward shils）[4]將知識分子分為兩類，一是「生產型知識分子」（productive intellectuals），指單純負責生產知識的族群，例如學者、研究人員；另一是「再生產型知識分子」（reproductive intellectuals），擔任解釋與傳播知識的角色，以教育、傳媒、娛樂事業工作者為例。文化仲介者（cultural intermediaries）屬後者，負責傳遞文化內涵，其中就包括文化教科書編撰者，以影響範圍而論，重要性不亞於「生產型知識分子」，甚至可說更甚前者。

因此，文化教科書編撰者應該體認自身的重要性，以社會學者的眼光，置身「全球化」與「在地化」混雜交錯的局勢中，反覆以社會活動的「遞迴」（recursive）特質，進行全球化生活的「反思性」（reflexivity）[5]。「遞迴」在數學與電腦的運算中，由一種（或多種）簡單的基本情況定義的一類物件或方法，並規定其他所有情況都能被還原為基本情況。「反思性」則是以「遞迴」為中心概念，意指行動者有意識地試圖解析他面對的情境，採取適當的回應，同時留意回應於情境的影響，並且

---

[4] 愛德華・希爾斯（Edward Shils, 1910-1995），是當代美國傑出的社會學家，社會思想委員會的成員和創始人之一。《知識份子與當權者》傅鏗、孫慧民、鄭樂平、李煜譯（台北：桂冠，2004）（原著：Edward Shils. *"The Intellectuals and the Powers and Other Essays."* Chicago: The University of Chicago Press, 1974）。

[5] 「反思性」的概念最早是由哈洛德・葛芬柯（Harold Garfinkel）所提出。詳參 Ulrich Beck. *"The Reinvention of Politics: Rethinking Modernity in the Global Social Order."* Cambridge, Mass: Polity Press, 1997；湯林森《最新文化全球化》鄭棨元、陳慧慈譯（台北：韋伯文化，2005）p. 25（John Tomlinson. *"Globalization and Culture."* Chicago: University of Chicago Press, 1999）。

據以調整行動，進一步確定該情境的意義。究其本質，「反思性」的行為源自人類自省的天性，使我們在一連串的行為過程中，能根據蒐集到的外部資訊，以及最初所處的基本情況，持續調整自身行為，不致迷失。

　　是故，文化教科書編撰者必需依據自身所處的情境，以吾人當前面臨的實際情況而言，亦即國際社會中，政治、經濟、科技、文化等力量交錯形成的場域，運用人類與生俱來的「邊做邊學」的特質，持續反思文化傳播所應有的本質及其應遵循的法則，以擬定因應策略，方能促使人與人、民族與民族、團體與團體之間的相互瞭解、包容、尊重以及欣賞，進而搭起地域與全球結構的橋樑。

　　探討文化傳播時經常論及的「文化民族主義」一詞，意如其文，由我們所熟知的「文化」與「民族主義」組合而成。原指群體生活自然形成的「文化」一詞的定義，在「民族主義」的框架下，染上了強烈的人為因素，發生了質變，卻也使得攸關民族存續的「民族主義」注入了濃厚的人文氣息[6]。「文化民族主義」屬於「民族主義」的範疇，為「民族主義」的類型之一，因此政治學者特別關注其形成之原因及所造成的影響[7]。針對學界的這個趨勢，筆者則有不同的見解。從事文化教科書的

---

[6] Donald S. Moore. 'The Crucible of Cultural Politics: Reworking "Development" in Zimbabwe's Eastern Highlands.' "*American Ethnologist.*" 1999. Vol. 26, No. 3. p. 656; Paul Gilroy. "*Small Acts: Thoughts on the Politics of Black Cultures.*" London: Serpent's Tail; Kosaku Yoshino. "*Cultural Nationalism in Contemporary Japan: A Sociological Enquiry.*" London: Routledge, 1992. pp. 1-2。

[7] 參閱朱諶《民族主義的背景與學說》（台北：國立編譯館，2000）pp. 107-124；陳曉民〈「文化民族主義」的興起〉《二十一世紀》1997年2月號（總第39期）。

研究者,應該將焦點放在:如何解構教科書裡的「文化民族主義」?其組成的成分為何?哪些成分足以建構民族的形象?建構而成的民族形象又為何?此舉的意義在於可據此檢視「文化教科書」之良窳,進而對「文化教科書」之編撰有所助益。

二、文化傳播與國家形象

誠如前述,文化教科書編撰者應以社會學者的眼光,在政治、經濟、科技、文化等力量交錯形成國際社會場域中,以建立地域與全球結構的橋樑為使命,擬定文化傳播的策略。然而,另一方面,雖然時至今日,政治學者聲稱的「文化民族主義者」看似銷聲匿跡,不再振聲疾呼搖旗吶喊,集結同胞保境安邦。但是事實卻是國家版圖、疆界掛限依舊井然,社會制度、語言文字仍然支配生活,文化觀點依然牽制民眾的思維[8]。

由國家挹注資源,以政策主導向國外推廣的「語文教育」,始終是「文化民族主義者」絕佳的棲身之所[9],彼等支配教科書的架構,依計畫、按步驟塑造「國家形象」。「文化教科書編撰者」與「文化民族主義者」兩者的作為之間,存在細微的相

---

[8] 林欽明〈用什麼來與外國人對話?是英語,還是文化?〉《通識在線》2006 年第 6 期 pp. 13-14;劉建基〈從文化的觀點論台灣的英語教學——由「全球在地化」談起〉《外國語文研究》2004 年第 1 卷 pp. 21-31。

[9] 有關「語文教育」與「文化民族主義」之關連,詳參郭洪紀《文化民族主義》(台北:揚智,1997) pp. 42-55;張月珍〈英語帝國的解構與再建構:網際網路全球化時代的語言文化政治〉《彰化師大文學院學報》2002 年第 1 卷 pp. 67-82;莊萬壽《台灣文化論——主體性之結構》(台北:玉山社,2003) pp. 44-85;顏玉雲〈現行高中英語教科書文化認同與社會認同議題之探討〉《教育研究》2005 年第 138 卷 pp. 40-54。

異點。「文化教科書編撰者」組織「文化圖景」[10]，以傳播「文化」為使命；「文化民族主義者」則致力羅織「民族主義」，以喚起「民族意識」為主要目的。兩者無論形式、內涵皆看似雷同，其主事者亦皆為知識分子，更使得其糾葛難以釐清[11]。

　　然而，若是套用希爾斯的分類法則，兩者的差異一目了然。「文化教科書編撰者」的任務單純在於解釋與傳播，屬於「再生產型知識分子」，也就是艾森斯塔特（Shmuel N. Eisenstadt）所定義的二次知識分子（secondary intellectuals）[12]。反觀「文化民族主義者」的作為，可以說其包含了負責生產知識理論的前端——「生產型知識分子」，以及解釋與傳播的「再生產型知識分子」兩種族群。只是這兩種論述方式同時隱身於「文化教科書」當中時，往往交錯呈現，使得學習者難辨差異。

　　「文化民族主義」與人文科學各領域的糾葛，有如治絲愈棼，無論文學、史學、宗教、民俗學等皆然。更有社會學者跳

---

[10] 「文化圖景」簡言之，就如同「蒙古包」、「游牧」之於蒙古文化；「相撲」、「藝妓」、「生魚片」之於日本文化；「速食」、「棒球」之於美國文化；「京劇」、「長城」之於中華文化。相關論述散見於：羅志平《民族主義：理論、類型與學者》（台北：旺文社，2005）pp. 397-403；郭洪紀《文化民族主義》（台北：揚智，1997）pp. 1-41；黃文雄《民族主義》（台北：一橋，2003）pp. 25-35。

[11] 關於「文化教科書」當中隱含的「文化圖景」與「文化民族主義」之辨析，詳參魏世萍〈建構與解構日本文化教科書裏的「文化圖景」與「文化民族主義」——以《日本剖析》為文本〉《明道學術論壇》2011 年第 7 卷第 3 期 pp. 39-56；〈比較文化研究理論與文化教學之媒合——論以本土文化為基點的外國文化教學〉《東吳大學外國語文學院 2004 年校際學術研討會全球話語在地化——語言、文學、文化——論文集》等。

[12] Shmuel N. Eisenstadt. 'Intellectuals and Tradition.' *"American Academy of Arts and Sciences."* Dedalus (1972 Spring) pp. 1-19.

脫語學、文學、宗教等各領域之界限,捨棄文本,直接就「文化民族主義」的「生產與消費」行為作壁上觀,進而考察日本的「文化民族主義」。日本學者吉野耕作在其論著《文化國家主義的社會學》中直陳:現代的民族主義,並非明目張膽由民族主義擔負,「而是與文化差異相關的理論(日本人論),以異文化手冊的方式商品化・大眾化,藉以促進消費者在家庭裡產生民族意識,而發展成文化民族主義」[13]。亦即將政治色彩強烈的「民族主義」,以「文化」的糖衣加以包裝,降低受播者的警覺性,在潛移默化中完成使命。這樣的作法在其他領域亦屢見不鮮,像是語文範疇當中,無論「國學者」懷抱熱情,保存、整理、研究「國語文」;或是鄉土文化工作者,殫精竭慮提倡鼓勵殘缺不全的方言、母語,其成因、要件與影響無一不指向「文化民族主義」。

本書欲探討的「日本文化教科書」就是上述的「異文化手冊」之一。那麼,在此吾人必須先針對在「文化教科書」所傳達的「國家形象」一詞,闡明其意涵。「形象」(image)一詞,原屬心理學術語,亦稱「心象」或「意象」,之後被廣泛運用於政治學、經濟學乃至哲學、歷史學等領域。經濟學者博爾丁(Kenneth Ewart Boulding, 1910-1993)首先將「形象」引入社會科學,詮釋人類社會的經濟行為。根據他的定義,「形象」

---

[13] 吉野耕作「第一章日本人論と文化ナショナリズム」、「第九章消費社会における文化ナショナリズム」。出自『文化ナショナリズムの社会学』(名古屋:名古屋大学出版局,1997)。

是人們對於外在所有事物的認識[14]。而在比較文學的領域裡，所謂的「形象」，是「對一種文化現實的描述，通過這一描述，製作了（或贊成了，宣傳了）它的個人或群體揭示和說明他們置身於其間的文化的和意識型態的空間」[15]。由此可知，分析「形象」、「文化」、「意識型態」三者之間的關連性──亦即「形象」是「文化」透過「意識型態」具體化的產物。

　　由特定人物的形象延伸至國家層級，「國家形象」在諸多學術領域當中是相當受到關注的研究主題，「比較文學」就是其中之一。在比較文學的領域當中，異國的國家形象就像是一面鏡子，它可以將「自身文化有時很難設想、解釋、承認的東西」具象化（P. 123）。其透過的媒介可以是遊記、散文、詩詞、小說等文學作品，也可以是音聲、影像、戲劇等超越平面化文字的形式[16]。以小說反應社會真實現狀的寫實主義（realism），闡明建構「國家形象」的關鍵在於國家的聲響，這一點在國際衝突中極其重要，與國家利益有直接的關連性。因此，為了爭取國家利益，善用各種媒介，美化「國家形象」，甚至不惜以極端的手段醜化對手國家，就成為該學派的主張之一。另一方面，20世紀90年代興起的結構主義（structuralism），宣稱「認同」才是左右「國家形象」的重點。國家的身分定位與國際社

---

[14] Kenneth Ewart Boulding. *"The Image: Knowledge in Life and Society."* New York: Harper & Row, 1956, pp. 3-6.
[15] 達尼埃爾─亨利・巴柔在（Daniel-Henri Pageaux）〈從文化形象到集體想像物〉一文中，以形象學的觀點，針對「形象」一詞的概念所做的表述如上。詳參孟華譯《比較文學形象學》（北京：北大，2001）p. 121。
[16] 詳參達尼埃爾─亨利・巴柔〈從文化形象到集體想像物〉孟華譯《比較文學形象學》（北京：北大，2001）pp. 118-152。

會的認同息息相關,這個看法建立在國家之間的關係是被「建構」而成的基礎之上[17]。

即便「國家形象」一詞在不同的領域有不同的定義,其重要性卻是同樣不容置疑的。此外,「國家形象」建構的手法及結果,因承載媒介的種類不同,也有差異。「文化教科書」構築「國家形象」的手法、程序、功效等等,皆與「媒體」建構「形象」者極為雷同。傳播學者梅爾文(Melvin Lawrence DeFleur)與珊德拉(Sandra J. Ball-Rokeach)對於「社會文化模式」(sociocultural model)的論述,將其間的關聯剖析得淋漓盡致。他們指出,傳播媒介之所以能產生影響力,是因為傳播訊息建構的「參考架構」(frame of reference)提供人們一種「世界觀」,用以解釋社會現象、社會規範、信仰與價值等等,甚至左右受播者對於世界的解釋[18]。

相同的道理,「日本文化教科書」之所以能對學習者產生影響力,是因為日本文化教科書建構的「國家形象」,提供學習者一種「日本觀」,用以解釋發生於日本社會的各種現象、日本民族的行為模式、日本傳統技藝形成演變的歷程,乃至從古至今日本在世界舞台上扮演的角色。由有甚者,「日本文化教科書」建構的「日本形象」,不僅顛覆學習者既有的日本印

---

[17] 寫實主義與結構主義對「國家形象」的定義詳參匡文波、任天浩〈國家形象分析的理論模型研究——基於文化、利益、媒體三重透鏡偏曲下的影像投射〉《國際新聞界》2013年第35卷第2期 pp. 92-101;關於「形象」與「國家形象」之相關論述詳參蔡嘉琪「国家形象の確立や伝播—ニューメディアの視点からのアプローチ—」『ニューメディアにおける台 のイメージ研究論文集』(台北:華藝學術,2015)。

[18] Melvin Lawrence DeFleur, & Sandra J. Ball-Rokeach. *"Theories of Mass Communication."* New York: Longman, 1982.

象,甚至完全取代其原有的「日本觀」。而這種主觀態度與心理背景,更促使日本文化教科書編撰者建構的「日本形象」,成為判斷解釋任何與日本相關事物的「參考架構」。

無庸置疑,在上述各項前提之下,「外國文化教育」的「課程目標」就是將「目標文化」(target culture)[19]傳授給異文化背景的「他者」。而「文化教科書」的本質,則可以說是「文化民族主義者」向全世界傳遞地方特色、形塑國家形象、宣揚民族主義的腳本。

三、文化傳播與文化教科書

「文化教科書研究」是外語教育的重要環節,而「日本文化教科書」與日語教育的關連更是顯著,深化「日本文化教科書」之研究必有助體現「文化」傳播的本質,進而提升日語教育的品質。

要言之,本書執筆的目的在於辨明「文化全球化」與「全球在地化」兩大主題的理論內涵,進一步闡述「文化教科書」之編輯目的與內容架構。在釐清上述論點的前提之下,探討在「文化全球化」與「全球在地化」景況中「文化教科書」編撰的趨勢。其實質就是破除語文教育與社會科學等學科之間的

---

[19] 語出英語文教育學者兼翻譯家安達励人(Adachi Reito)「アニメーション映画の翻訳における目標文化の影響:小規模コーパスによる語彙の統計分析を利用して」('The Influence of the Target Culture on the Translation of Animation Movie: Applying the Statistical Analysis of Words Through Small-Scale Corpora.'『英米文化』2008:38, pp. 77-93)。

藩籬，進行學際整合[20]；以社會學理論，解析日本文化教科書在「文化全球化」與「全球在地化」景況中，如何因應國際社會場欲的變動趨勢，推展演繹編撰策略，鋪陳其中之「自他論述」。

就以上執筆動機與目的，擬定執行規劃，其步驟分述如下。

（一）理論探析

融合各家學說，辨明「文化全球化」與「全球在地化」境況；闡釋「文化教科書」之編輯目的與內容架構；評析、整合「全球化理論」之先行研究成果，以作為日本文化教科書研究之理論基礎。

（二）文本事例批判

梳理剖析「日本文化教科書」裡「自他論述」的現狀。檢視國內大專校院日本語文科系使用之「日本文化教科書」多種，探討各版本擬定的「自他論述」策略，論其優劣，評其適否。

---

[20] 近年來實際整合社會科學理論、教科書研究理論、日語教育學理論與教學實務經驗，投入「日本文化」課程、教材研究之成果，茲舉數例如下：魏世萍〈比較文化研究理論與文化教學之媒合——論以本土文化為基點的外國文化教學〉《東吳大學外國語文學院 2004 年校際學術研討會全球話語在地化——語言、文學、文化——論文集》；〈從社會學的觀點看大學外國語文學系的文化教科書〉《明道學術論壇》2006 第 2 卷；「外国語教育と多国文化——日本文化教科書のなかの各国文化を中心に」『東吳大學外國語文學院 2008 年校際學術研討會論文集』；「日本文化教科書と比較文化研究理論——『日本と日本人』を例に——のなかの各国文化を中心に」『2008 台大日本語文創新國際研討會論文集』；「文化教科書研究方法——社会変遷理論と日本文化教科書」『2009 台大日本語文創新國際研討會論文集』等。

（三）模擬編撰策略

　　指出「全球化理論」之下「日本文化教科書」的編撰模式、編撰趨勢，析解其與現行使用的「日本文化教科書」之間的落差，提出改善策略。

第一章
「文化全球化」與「全球在地化」

　　當「全球化」（globalization）這個名詞鋪天蓋地席捲而來，幾乎所有與社會科學相關的領域，尤其是「經濟」、「政治」、「文化」等範疇，都少不了與「全球化」相關的議題，「全球化」這個概念在各個層面似乎都是可以解決任何問題的萬靈丹，在此同時卻也被視為世界各國共通的魔咒。而我們不禁要問「全球化」的內涵究竟為何？而人類的「文化」該如何「全球化」？看似與「全球化」衝突的「在地化」，這兩個概念又有什麼關連？本章將透過評析學界對「全球化」與「在地化」的定義，試圖找到解答。

一、「全球化」的歷史軌跡

　　「考察人類文明史，將世界看成一體、主張世界大同或天下一家的思想淵遠流長」。其實，不待學者造出「全球化」一詞，自東西遙隔天涯，時制遞嬗遲緩之初，「全球化」已然沉穩地進展。它是近代以來「以物質力量的形式體現出來」的產物，發展至今，「全球化也逐漸成為一種觀念的力量，為一些技術和制度的全球擴展和傳播提供了理念上的證明」[21]。

---
[21] 楊雪冬《全球化》（台北：揚智，2003）pp. 8-13。

有學者認為人類「不停遷徙」的行為，代表國與國、民族與民族、文化與文化之間的交融與涵化（acculturation）[22]從未止息。甚至還有許多學者直指15世紀末的「地理大發現」，以及隨之興起的「帝國主義」，應該是人類史上最大規模的「文化全球化」運動[23]。

　　只是，近年現代科技、通訊技術的進步發展，以及傳播媒介快速散播的特質，加劇資訊流通的速度。1980年代以後，資訊傳輸技術的快速發展與普及化，加速人才的流動。從美國作家佛萊曼（Thomas L. Friedman, 1953-）的說法，就能印證資訊科技與「全球化」的密切關係：「全球化擁有自己的界定科技：電腦化、微形化（miniaturization）、數位化、衛星通信、光纖

---

[22] 「涵化」一詞最早由美國的鮑威爾（P. W. Powell）於1880年所提出，意指文化相互滲透的現象。當兩文化團體相互接觸時，吸納某些文化元素而併入自身文化中，使得自身文化出現改變的現象。兩個團體相互接觸，其影響往往是雙向的，不只是較為弱勢的文化受到強勢文化的影響，相反的狀況也會發生，因此一個文化同時扮演「授」與「受」雙重身分。「涵化」可以說是「同化」的初步，而「同化」則是「涵化」的結果。

[23] 參閱諸多文獻，可以發現學者們同樣都以西元1492年，克里斯多巴・柯隆（Cristobal Colon）出發前往東亞，也就是人稱的「地理大發現」作為「全球化」發展的開端。詳參吳德錫譯《文化全球化》（台北：麥田，2003）p. 10（Jear-Pieree Warnier. "*La Mondialisation De La Culture.*" Paris: Découverte, 1999）；楊雪冬《全球化》（台北：揚智，2003）pp. 24-26；艾伍德《全球化反思——粉碎假面經濟榮景》王柏鴻譯（台北：書林，2002）pp. 7, 15-16（Wayne Ellwood. "*The No-Nonsense Guide to Globalization.*" Oxford: New Internationalist Publications in Association with Verso, 2001）；楊雪冬《全球化》（台北：揚智，2003）p. 24。不過也有少數學者抱持不同的想法，例如經濟學家馬丁・沃夫（Martin Wolf）就舉了一個極端的例子：從「全球化」一詞使用上的曖昧性，根本不可能定義其何時開始出現的，或許在十萬年前當人類離開非洲往外打天下，以及繼之而來的緩慢殖民化過程中，「全球化」就已存在。馬丁・沃夫《新世界藍圖：全球化為什麼有效》李璞良譯（台北：早安財經文化，2006）p. 171（Martin Wolf. "*Why Globalization Works.*" New Haven: Yale University Press, 2004）。

和網際網路。這些科技協助創造了全球化的特殊概念」[24]。

此外，從經濟層面分析的說法也是不勝枚舉。有學者認為1990年代才能算是真正意義上的進入「全球化時代」，這個說法的立論根據在於：90年代開始全球化進程在質的方面有長足的轉變，質的變化涵蓋了「資訊技術變革推動的經濟活動領域」、「活動主體快速增長的全球社會領域」、以及「資訊快速傳播、文化相互交織的文化領域」；另外還具體展現在「全球制度化建設」上，冷戰後，經濟市場成為全球的共識，取得其合法性，也為「資本的全球擴張提供了制度基礎」，「世界貿易組織」、「國際貨幣基金組織」、「世界銀行」、「聯合國」等機構的改革和調整，都是加劇「全球化」體現的原因[25]。

「全球化必須不僅被視為一種經濟規則，更是社會關係體系，……其根植於社會權力的資本主義形式中，並且此種權

---

[24] 以佛萊曼的觀點而言，與「全球化」相對的概念就是「冷戰」，他將「全球化」和「冷戰」放在兩個極端來考量：「如果冷戰世界的界定概念是『分裂』，則全球化的界定概念便是『整合』。如果冷戰體系的象徵符號是一堵把每一個人隔離開來的圍牆，全球化的代表符號便是『全球資訊網』（World Wide Web），把每一個人連結起來。冷戰體系的代表文件是『條約』（The Treaty），則全球化體系的代表文件便是『交易』（The Deal）」。參閱佛萊曼《了解全球化：凌志汽車與橄欖樹》蔡繼光等譯（台北：聯經，2000）p. 24（原著：Thomas L. Friedman. "*The Lexus and the Olive Tree: Understanding Globalization.*" London: HarperCollins Publishers, 1999.）。

[25] 關於全球化的分期，從各個層面切入結果亦不相同。佛萊曼以經濟的角度為全球化作出時間軸上的分隔，他認為第一次世界大戰之前屬於首次全球化風潮，戰爭、俄羅斯革命、經濟大蕭條等衝擊終結了首波全球化風潮。第一次世界大戰到1989年柏林圍牆倒塌冷戰結束的75年期間，可以視為第一個全球化與第二個全球化之間的冗長暫停。1989年冷戰結束後正式進入「全球化第二回合」或者稱為「全球化新時代」。詳參佛萊曼《了解全球化：凌志汽車與橄欖樹》蔡繼光等譯（台北：聯經，2000）p. 8（原著：Thomas L. Friedman. "*The Lexus and the Olive Tree: Understanding Globalization.*" London: HarperCollins Publishers, 1999.）；楊雪冬《全球化》（台北：揚智，2003）pp. 40-41。

利控制於私人資本家和民族國家。……全球化只是資產階級的國際化」，激進派經濟學者阿爾博（Gregory Albo）上述的說法，直接且露骨地點出資本流通與全球化之間的關連性[26]。但是也有學者對此提出反論，如同澳洲學者華特斯（Malcolm Waters）表示：

> 人類社會的全球化主要取決於文化關係的交流範圍，而不是經濟和政治事物來主導。可預期的是，當經濟、政治達到全球化的程度時，其中的交流必定包含符號象徵的交流，也有文化的元素在其中，也可預期文化全球化的程度仍然較其他兩者高（Waters, 1995:9-10）[27]。

當然，華特斯的看法有太多缺失，引來其他學者的撻伐。然而，從以上各派學者的意見，我們仍然無法斷言造成全球化的主因為何。無論是政治、經濟、抑或是文化，皆是催化「全

---

[26] Gregory Albo 'The world ecnomy, market imperatives and alternatives.' *"Monthly Review"* 12 p. 16。從經濟視點切入闡述全球化的學者為數眾多，散見於「全球化」相關著作。在此援引一個堪稱極端的例子作為補充。南方朔為《全球化迷思》一書撰寫的中文版序當中，闡述了以經濟思維解讀的後果如下：以人類觀念史和經濟思想史的角度而言，「全球化論述」和「社會達爾文主義」並無兩樣，只不過範圍擴大到全世界而已。在實踐經濟的「治理」層面問題上，顯露出「社會達爾文主義」的特性，這也是「世界社會論壇」稱之為「流氓全球化」（Rogue Globalization）的原因。希爾斯特、格拉罕・湯普森《全球化迷思》朱道凱譯（台北：群學，2002）Pxv（Paul Hirst, Grahame Thompson. *"Globalization in Question: The International Economy and the Possibility of Governance."* 2nd ed. Cambridge: Polity Press, 1999）。

[27] 湯林森《文化全球化》鄭棨元、陳慧慈譯（台北：韋伯文化，2002）p. 24（John Tomlinson. *"Globalization and Culture."* Cambridge, UK: Polity Press, 1999）。

球化」進展的因素。不僅對國際政經強烈衝擊,更激化各個文化間的摩擦、衝突、交融在瞬間急遽反應,使得人們手足無措、應接不暇,而成為研究課題。尚－皮耶・瓦尼耶(Jear-Pieree Warnier)在其名著 *La Mondialisation De La Culture*(吳德錫譯《文化全球化》)一書,就以反差錯逆至極的章節名稱「禪藝 VS.《鐵達尼號》」彰顯「文化全球化」對於各文化的影響,如同當今在開放空間中,需要師承修煉的「禪」,遭遇晚近問世、專操短線的消費品《鐵達尼號》一般。

儘管學界對於「全球化的歷史進程」見解極為紛歧,對於「全球化」帶來的影響倒是相當一致。大前研一對於「全球化」的論述,歸結為著作《民族國家的終結》。大前認為,「民族國家」餘日不多!他同時指出:民族國家不但喪失控制匯率和保護貨幣的能力,加以資本、公司、消費者、通訊四種重要的動能結合再一起,搶奪原來屬於「民族國家」的經濟力量,致使「民族國家」無法持續創造經濟活動,而淪為分配財富的工具。大前或許言之過早,失之偏激。赫司特(Paul Hirst)與湯普森(Grahame Thompson)對於大前研一之觀點,提出迥然相異的論述。彼等認為:儘管「經濟全球化」在全球化的進程中,其重要性不容抹滅。然而,大前研一以跨國經濟質疑「民族國家」之存廢,想法偏頗且極端。但是,我們仍然無法否認,「民族國家」的疆域逐漸模糊,應該是當前學術界對於「全球化」觀點最大的共識之處。

二、定義「全球化」

雖然「全球化」的定義紛紜冗雜,就「全球化」的字面而言,無論中英文皆然,其中都明白揭示活動的象限是「全球」,而

其進展則是持續的推陳，導致動態——「化」的發生。亦即石之瑜所云：「全球就是一種跨越疆界的現象，『化』的程度即是跨越疆界的程度」（P. 145）[28]。

近年，論述「全球化」的定義、由來、影響、趨向之作多如牛毛，檢閱整理其中具代表意義，且有益於文化教科書之研究者，揉合所見所思評述於下。

（一）「全球化」的思考

「全球化」一詞不僅使用於國際關係、文化交流、國際社會……等層次面向的演變，同時廣泛使用於商業、傳播媒體、教育、軍事、政治……等等人文科學、社會科學的各領域。正如于爾根・費里德里（Jürgen Friedrich）所言：「全球化這個概念具有多種意含。目前基本上是一種標籤，用以描述任何方式的國際關係和市場的國際化。即使在科學的相關論述中，也被認為具有多種不同內容，沒統一的定義」[29]。

如果要用以一句話來定義全球化，湯林森的說法或許可以提供參考：全球化是「一種隨時影響現代社會生活，發展快速

---

[28] 石之瑜〈「全球化」的方法論與反方法論〉《政治與社會哲學評論》2003 年第 6 期 pp. 141-194；其他如哈維（David Harvey）、湯林森（John Tomlinson）、紀爾茲（Clifford James Geertz）、羅伯遜（Roland Robertson）、紀登斯（Anthony Giddens）、湯普森（Grahame Thompson）諸公也有類似的見解。

[29] 于爾根・費里德里《全球化時代的資本主義》張世鵬、殷敍彝編譯（北京：中央編譯，1998）（原著：Jürgen Friedrich. "Capitalism in the Global Age."）。

且日趨緊密，在各個層面相互依存且彼此關連的現象」[30]。正因為其與人類生活息息相關，且包含的範圍廣泛，也有學者認為，與其定義「全球化」，不如找出其作用。因此也出現這樣的主張：「全球化不是一種具體、明確的現象。全球化是在特定條件下思考問題的方式」[31]。另外像是楊雪冬的見解：「全球化是一個理論群，而不是一個理論，其中包含多種理論」，他將「全球化」定義為「複數理論系統的匯集」，建議我們可以用兩種視角看待「全球化」：「嚴格意義上的全球化理論，把全球化本身作為研究的對象；廣義的全球化理論，則把全球化作為研究具體問題的重要參考背景」[32]。因此，在本書當中便是以「全球化」作為背景，探討日本文化教科書中的自他論述問題。

　　呼應「全球化的思考方式」這個觀點，徐偉傑提出了更進一步的建議。他認為：我們不能過度狹隘地「使用」全球化的思考模式，必須以其為基底，在這之上加入因地制宜的「本土反應」。因此，「全球化的思考」，其附帶的檢視制度就是「立基於不同社會經驗基礎上的本土反應」，才是「全球化的思考」正確的操作模式[33]。

---

[30] 湯林森《文化全球化》鄭棨元、陳慧慈譯（台北：韋伯文化，2002）p. 2（原著：John Tomlinson. "*Globalization and Culture.*" Cambridge, UK: Polity Press, 1999）。

[31] 梁光嚴〈全球化：過程和解釋〉《國外社會科學》1992年第7期。

[32] 戴維・赫爾德等著《全球大變革：全球化時代的政治、經濟與文化》楊雪冬譯（北京：社會科學文獻，2001）（原著：David Held. "*Global Transformations Politics, Economics & Culture.*"）。

[33] 全球化不能被視為單一過程和單一效應，而必須和各種本土反應一併理解，立基於不同社會經驗基礎上的文化全球化因而呈現多樣性格。所以全球化必須以複數形式來表現。因而，兼顧本土（在地）反應的「全球在地化」觀點，於是成為觀察全球化的重要取向。詳參徐偉傑〈全球在地化：理解全球化的一條路徑〉《思與言》2003年第41卷第1期 pp. 7-8。

（二）「時空分延」與「時空壓縮」

華府卡托研究所（Cato Institute）[34]前副所長布林克・林賽（Brink Lindsey），對「全球化」提供了涵蓋面廣泛的定義。林賽提出三個層面的「全球化」意涵，其間的關連在於：以市場為導向的政策，推廣至全球之後，形成廣泛的政治現象；政府面臨國際間財務、勞務、資本流動的挑戰，採取撤除原來強制施加障礙的因應策略；最終達成市場跨越疆界，並日趨整合的經濟現象[35]。

也就是說，「市場」、「政治」、「經濟」是「全球化」的核心。研究全球化的知名學者安東尼・紀登斯（Anthony Giddens）[36]認為：透過貨幣，人際關係不再受制於特定的時空……。貨幣可以把個人的社會關係，從特定的時間、空間中抽離，他把這種現象稱之為「時空分延」（time-space distanciation）[37]。

---

[34] 卡托研究所位於華盛頓哥倫比亞特區，以擴展公共政策辯論的角度；恢復小政府、市場經濟、以及和平的美國傳統等任務自許。

[35] 其要義為：「……全球化有三個相異而相關的意義，首先是用以描述市場跨越疆界並日趨整合，所形成的經濟現象；其次是嚴格地用以描述政府面對國際間財務、勞務、資本流動，撤除原來強制施加的障礙；至於最後，則是用來描述國內以及國際之間，以市場為導向的政策推廣至全球之後所形成更為廣泛的政治現象……」。詳參馬丁・沃夫著，李樸良譯《藍圖：全球化為什麼有效？》（台北：早安財經文化，2006）（原著：Martin Wolf. *Why Globalization Works*." New Haven: Yale University Press, 2004）pp. 49-50。

[36] 安東尼・紀登斯（Anthony Giddens, 1938- ）英國社會學家，以「結構主義」（theory of structuration）與「本體論」（holistic view）聞名。

[37] 語出安東尼・紀登斯 'A contemporary Critique of Historical Materialism: Power, Property and the State.' "*Time-Space Distanciation and the Generation of Power*." London: Macmillan, 1981, pp. 90-108.「時空分延」與「時空壓縮」（time-space compression）、「時空收斂」（space-time convergence）等

「時空分延」與全球化的權威學者大衛・哈維（David Harvey）[38] 提出的「時空壓縮」（time-space compression）異曲同工，都貼切而淋漓盡致地描述世界演變為「地球村」（Global Village）的主要原因[39]。哈維認為：「全球化」乃「時空壓縮」所致，科技促使商品流通、訊息溝通在極短的時間內得以遂行，先進的資本主義者，為了縮短時間，提高效益，便轉向空間啟動新結構，而加速了「文化地景」的新陳替代[40]。

　　德國哲學家卡爾・馬克思（Karl Marx）在長篇手稿《政治經濟學批判大綱》（*The Grundrisse: Foundations of the Critique of Political Economy*）較諸後人更能先知先覺，解釋「全球化」的成因：「時空壓縮」其實肇因於所謂「時間消解了空間」（annihilation of space by time）[41]。社會之間，因為空間距離造成的隔膜，隨之漸次土崩瓦解[42]。諸如「縮小的世界」（a

---

詞意涵相似。論及相關理論的文獻龐大，茲列舉以下數篇，以為察考：Jon May, & Nigel Thrift. 'Introduction.' *"Timespace: Geographies of Temporality."* NY: Routledge, 2001, pp. 1-46; Chris Decron. *"Speed-Space."* Virilio Live. Ed. John Armitage. London: Sage, 2001, pp. 69-81; David Harvey. *"The Condition of Postmodernity: An Enquiry into the Origins of Cultural Change."* Cambridge, MA: Blackwell, 1990.

[38] 大衛・哈維（David Harvey, 1935-）當代西方地理學家中，以思想見長並且影響社會科學極大的學者，在社會學、人類學、政治學、經濟學等方面，均有卓越的成果。

[39] 「時空壓縮」的概念是1989年，由大衛・哈維在其著作《後現代性狀況》所提出。約其精要為：資本家為了縮短貨物運輸的時間，透過快速運輸工具，致使時間、空間獲得實質的壓縮，其結果就是「天涯若比鄰」。詳參 *"The Condition of Postmodernity."* Oxford: Basil Blackwell, 1989.

[40] 詳參 *"The Condition of Postmodernity."* Oxford: Basil Blackwell, 1989。

[41] 詳參馬克思（Karl Marx, 1818-1883）*"The Grundrisse: Foundations of the Critique of Political Economy."* Penguin, 1973。

[42] Anthony Giddens. *"The Consequences of Modernity."* Cambridge: Polity Press, 1990; *"Beyond Left and Right."* Cambridge: Polity Press, 1994.

shrinking world)、「全球社區」（global neighbourhood）、「地球村」……等語，同樣都是對此一現象的描述[43]。其他像是「美國化」（Americanization）、「麥當勞化」（McDonaldization）、「世界化」（cosmopolitanization）、「跨國化」（transnationalization）、「超國化」（supranationalization）……等，都是與「全球化」相關的概念。

三、「全球化」與「在地化」

一個是向外擴張、追求均質化的概念；另一個是向內扎根、著重獨特性的思維，或許有人認為「全球化」與「在地化」這兩個概念相互抵觸、難以並存。以一個文化的視點加以解釋的話，其實「全球化」與「在地化」並非截然對立，而是「相互依存並彼此關聯」的兩道助力。

（一）作用力與反作用力的整合

要對「全球化」下一個定義實在困難重重，英國學者約翰‧湯林森（John Tomlinson）精簡扼要地說明：「一種隨時影響現代社會生活、發展快速且日趨緊密，在各個層面相互依存並彼此關聯的現象」[44]。然而，單從字面上來看，「全球化」不論是英文或中文，都從空間上指涉了一個無所不包的進程，將

---

[43] 楊雪冬從「發展趨勢角度」與「觀念影響力」兩個面向，整理區分與「全球化」相關的概念，並闡述其意涵。詳參楊雪冬《全球化》（台北：揚智，2003）pp. 10-13。

[44] 湯林森《文化全球化》鄭棨元、陳慧慈譯（台北：韋伯文化，2002）p. 2（原著：John Tomlinson. *"Globalization and Culture."* Cambridge, UK: Polity Press, 1999）。

地球上的每一個角落都納入某種舉世共享的範圍,整個地球都無所遁形,而『化』的概念則標誌著一種動能,亦即變成全球通用的過程」[45]。

從「相互依存並彼此關聯」的觀點出發,進而闡明「全球化」,已經成為學界的共識。除了彼此的關聯性之外,盛盈仙觀察「全球化」作用的方向性,進一步探討其作用所在,她認為「全球化」指的是「透過一種由外而內的穿透性,打破傳統疆界國土的界線。而這樣的網絡連結有助於促進區域與區域,國家與國家之間的相互多元關係」[46]。

「全球化」橫掃五洲之際,原本屬於「異時異域」、「同時異域」的文化,驟然跳脫時空的象限,進入你我生活,成為生活的一部分。因此,如排山倒海而來的「全球化」趨勢,亦有反動力量,處於兩極遙相牽引。「在地化」(localization)就是相對於全球化而產生的概念,意指在全球化之下,地方各自發展的區域特色。「在地化」在另一個層面指涉的則是關注來自於本土及內部的需求,著重國內層級的利益、價值及文化層面。利用在地的本土性關懷,關注在地居民的權益。

「在地化」的出現原本是「反作用力」(reacting force,源於拉丁語 actio 與 reactio),但是卻也促成「全球化」與「在地化」兼容並蓄的可能,所謂「全球在地化」(glocalization)[47]即為這一系列反應下的產物。我們必須特別留意的是,「全球

---

[45] 石之瑜〈「全球化」的方法論與反方法論〉《政治與社會哲學評論》2003年第 6 卷 p. 145。

[46] 盛盈仙〈全球化與在地化〉《人與社會的建構:全球化議題的十六堂課》(台北:獨立作家,2014)pp. 40-45。

[47] Roland Robertson. *"Globalization: Social Theory and Global Culture."* London: Sage, 1992, p. 100.

化」與「在地化」並非單純相對或是完全極端的兩個概念，而是可以互為表裡、相互補足的想法。

周桂田略帶古典風格的詮釋，最能說明其間相生相剋的牽連：「……全球化是『經』，全球在地化是『緯』，前者是橫向的動態連線，而後者是扣緊在地特色之動態縱深，兩者相生而存，但也相剋對立而激發出新的發展」[48]。

（二）文化仲介與「在地化」

結合「全球化」和「在地化」這兩個概念的優勢加以發展，可以創造出一個全新的思考模式──「全球在地化」[49]。以一句話來定義「全球在地化」，就是「全球化力量的在地呈現」。最常看見的例子就是美國速食連鎖業的龍頭「麥當勞」，在全球各地觸目所及的鮮黃色 M 字招牌，其經營模式、店鋪設計、製作流程、人員訓練、甚至是提供的商品種類，都是如出一轍，被視為徹底體現了「全球化」。這些舉世皆然的共通點，免去不少麻煩。另一方面，韓國的麥當勞將泡菜放進漢堡，正如同在日本也能吃得到加入芥末醬的麥當勞漢堡一樣。這種將「全球化」融入「在地」的作法，能減少在地與全球化的衝突，完整體現了「全球在地化」的意涵。進而推知，若反向操作得宜，

---

[48] 周桂田〈全球化與全球在地化──現代的弔詭〉〈http://www2.tku.edu.tw/~tddx/center/link/grobole_and_ginland.htm〉、〈http://homepage.ntu.edu.tw/~ktchou/documents/%A5%FE%B2y%A4C6%BBP%A5%FE%B2y%A6b%A6a%A4%C6.pdf〉p. 2。

[49] 「全球在地化」是羅伯遜（Roland Robertson）發明的概念，一語道盡「全球化」與「在地化」兩種壓力之間不可分割的關連。詳參艾伍德《全球化反思──粉碎假面經濟榮景》王柏鴻譯（台北：書林，2002）p. 71（Wayne Ellwood. *The No-Nonsense Guide to Globalization.* Oxford: New Internationalist Publications in association with Verso, 2001）。

就是「在地力量利用全球化之力量,向外行銷在地文化之特色與價值」,展現「在地力量的全球回應」,我們稱之為「在地全球化」[50]。

這種思維或我們說經營模式在經貿的領域暢行無阻,那麼,在文化的領域是否能如法炮製?「全球化」發展中,文化該如何自處?文化一旦被放到「全球化」的環境底下,還能謹守「在地化」的底線嗎?

文化脫離母國之後,在全球規模的範圍內,歷經再生產、消費的過程,但是我們卻無從得知它是如何被再生產、被消費。這些步驟都是透過「文化仲介者」所執行。文化仲介者揀選、解構、再生產這些文化產品,將「目標文化」介紹給異文化學習者。文化仲介者的運作方式決定了文化交流是否引發在地的衝擊、以及衝擊的強度。筆者認為:「在地化」造就了這樣的難題,卻也提供了解決之道。除了放在「全球化」的環境當中,還要加上「在地化」的思維模式,才能為「文化」指引出依循的方向。

四、文化的「全球化」

「全球化」的浪潮之下,經濟是最早受到「波及」的領域,隨著經濟全球化的腳步,無可避免的就是與人類生活息息相關的「文化」。

在「全球化」鋪天蓋地瀰漫寰宇之際,本著的中心命題——「文化」是否發生質變,而需要重新定義?尤有甚者,由

---

[50] 盛盈仙〈全球化與在地化〉《人與社會的建構:全球化議題的十六堂課》(台北:獨立作家,2014)pp. 40-45。

文化教育衍生的「文化教科書」是否亟待改弦易轍，重擬編撰策略，因應新局？種種問題有待省思。

（一）文化是生活的一切

為了反駁上流人士曲解「文化」，將「文化」侷限在刻意「培育」出來，且只有少數人才得以享受的「特別」生活型態，英國學者威廉斯（Raymond Williams, 1921-1988）以「文化是生活的點滴」（culture is ordinary）、是「生活的一切」（a whole way of life）加以駁斥。威廉斯認為生活裡的文化俯拾皆是，其最重要的功用在於指引一個人發掘自我意義：「我對文化的疑問是它對我們日常生活的宗旨之啟發，以及提供個人深層的自我意義；文化是生活的點滴，影響的是每個社會中的每一顆心靈」（William, 1989:4）[51]。

在生活中俯拾皆是的「文化」，置於「全球化」的環境中，會有什麼樣的轉變？的確，「全球化」引發文化人類學者重新論辯「文化」的定義，以解釋新的「文化」樣貌，辯論「全球化」與「文化」關聯的著述，堪稱汗牛充棟。對此，英國學者約翰・湯林森（John Tomlinson）在著作《文化全球化》（*Globalization and Culture*）中，斬斷亂麻直陳：我們沒有必要因為探討「全球化」而對於「文化」重新定義，「文化」包羅萬象的屬性，使其最適合解析「全球化」[52]。

---

[51] 湯林森《文化全球化》鄭棨元、陳慧慈譯（台北：韋伯文化，2002）p. 21（John Tomlinson. "*Globalization and Culture.*" Cambridge, UK: Polity Press, 1999）。
[52] 湯林森《文化全球化》鄭棨元、陳慧慈譯（台北：韋伯文化，2002）p. 19（John Tomlinson. "*Globalization and Culture.*" Cambridge, UK: Polity Press, 1999）。

此外，尚—皮耶・瓦尼耶（Jear-Pieree Warnier）也以文化人類學之父泰勒於 1871 年對「文化」（以及文明）提出的定義：「知識、信仰、藝術、法律、習俗等，以及做為某個社會的成員所具有其他的秉性和習慣在內的總合」[53]，展開論述。尚—皮耶・瓦尼耶依循泰勒所定義「文化」的概念，進一步重述：「文化是一個複雜的總體，由規範、習慣、行動總匯、表徵所形成，它是作為一個社會成員所應具有的」[54]。

　　泰勒所謂的「總合」（complex whole）即為「社會的導引」；欠缺這項導引，成員將無從知其所由，亦將無所適從；文化的概念，其特色是傳承的模式，其意涵等同於「傳統」。如同「愛斯基摩人的文化」，就是由於隸屬於「愛斯基摩社會」，使其擁有在此一社會生存必備的「知識、藝術、才能及其他習慣等等」。依此類推，「巴黎人的文化」衍生自現代化城市的環境，遂包含了「汽車、媒體及都會大眾民生用品等等」。如以上所示，我們所定義的「文化」，在時間軸上持續推移，從過去維持至現代，代代相承。在傳遞與接收的過程中成形，且被保留下來[55]。

（二）文化是全球化的一種面向

　　「文化全球化」就字面解釋，是指「文化產品」以「全球」

---

[53] 文化人類學之父泰勒（Edward Burnett Tylor, 1832-1917）"*Primitive Culture: Researches into the Development of Mythology, Philosophy, Religion, Art, and Custom.*" Vol. 1, Gardon Pr p. 1。

[54] 尚—皮耶・瓦尼耶《文化全球化》吳德錫譯（台北：麥田，2003）p. 31（原著：Jear-Pieree Warnier. "*La Mondialisation De La Culture.*" Paris: Découverte, 1999）。

[55] 對於此一主張，尚—皮耶・瓦尼耶舉實例展開縝密的鋪陳。詳參尚—皮耶・瓦尼耶《文化全球化》吳德錫譯（台北：麥田，2003）pp. 22-23（原著：Jear-Pieree Warnier. "*La Mondialisation De La Culture.*" Paris: Découverte, 1999）。

市場的規模流通，同時激起「相互對比」的反應[56]。或許有人會質疑「文化」不應被物化，它不是一種商品。事實上，從廣義的角度來看，所有與文化相關、承載文化的事物，都會隨著經濟活動交換、流通。「文化」物品以全球化為範圍傳播、流通早已是不爭的事實。

從文化的層面分析，「全球化」是人類各種文化及文明最終將到達的「唯一」依歸，是「文化」的未來式。羅伯遜（Roland Robertson）以「全球化是一體意識的強化」來強調全球化的本質（Robertson, 1992:8）[57]。上述說法詮釋了湯林森所提出的見解：「文化是全球化的一種面向」。這裡使用的是「唯一」，並非「單一」一詞，意指在未來「文化」將呈現異質且多樣性共存的形式，因此不會有整合為「同質化」或是「一致性」（unicity）、以及「普遍化」（universalization）的局面出現。根據湯林森的說法，當我們使用「全球」這個詞彙時，不是指稱「全部」（total），而是帶有「整體性和包容性」的語意[58]。

---

[56] 《文化全球化》一書的譯者吳德錫，針對書中「文化全球化」的法文及英文的意涵，加以補充。法文的「mondialisation」意指「世界化，成為世界性，波及全世界」，其與英文的「globolization」（全球化）或是「globolisation」（全球的範圍與規模）有些微出入。不過，從經貿的角度詮釋，「globolisation」指的是具有「全球性觀點、全球主義以及全球一體化」，在定義上最為明確周全。尚—皮耶・瓦尼耶《文化全球化》吳德錫譯（台北：麥田，2003）p. 18（原著：Jear-Pieree Warnier. "*La Mondialisation De La Culture.*" Paris: Découverte, 1999）。

[57] 湯林森《文化全球化》鄭棨元、陳慧慈譯（台北：韋伯文化，2002）p. 33（原著：John Tomlinson. "*Globalization and Culture.*" Cambridge, UK: Polity Press, 1999）。

[58] 除了「整體性和包容性」的意涵，譯者也補充了「全面性」的意義。湯林森《文化全球化》鄭棨元、陳慧慈譯（台北：韋伯文化，2002）pp. 10-12（原著：John Tomlinson. "*Globalization and Culture.*" Cambridge, UK: Polity Press, 1999）。

湯林森也提醒世人：避免「只從單一且狹隘的經濟面向，去界定全球化」，而陷入「社會學化約主義」[59]的窠臼。他也同時警告切莫「只將文化簡單地稱為生活的所有方式」，而形成克利弗德‧紀爾茲（Clifford James Geertz）所宣稱的「大鍋理論」（pot-au-feu）。亦即完全不強調個別元素，不經過篩選，將全部倒入鍋內烹煮，有如料理法式濃湯，並稱其為人類文化的「綜合體」，這種做法正是「化約」的極致表現[60]。

　　相對於湯林森由「全球化」一詞的語意切入的解釋方式，紀登斯則以「分野」說明「全球化」論述影響的層面：全球化「界限外」是大體系的轉變，「界限外」則是吾人每日生活的環境和個人私密的「世界」，而這兩者則可以透過「文化面」加以連結（Giddens, 1994）[61]。從這一點也可以觀察到，文化對全球化的影響甚鉅，正因如此文化經常被視為全球政治角力競技場上的象徵性指標[62]。

　　從文化的層面出發，去思考全球化，可以幫助我們以靈活的方式發現全球化的特徵，亦即其「根本上的辯證性格」。由

---

[59] 「化約主義」（reductionism）起源於現代科學萌芽之初。簡言之，其精神為：約略複雜的事物為簡單的成分。發揮到極端就是，以為所有現象都可以化約到「粒子」，再以物理學解釋。時至今日，科學家多持負面觀點看待此一方式。

[60] 參閱紀爾茲（Clifford James Geertz, 1926-2006）原作 "*The Interpretation of Cultures*" Basic Books, 1973。

[61] 湯林森《文化全球化》鄭棨元、陳慧慈譯（台北：韋伯文化，2002）p. 20（原著：John Tomlinson. "*Globalization and Culture*." Cambridge, UK: Polity Press, 1999）。

[62] 湯林森《文化全球化》鄭棨元、陳慧慈譯（台北：韋伯文化，2002）p. 28（原著：John Tomlinson. "*Globalization and Culture*." Cambridge, UK: Polity Press, 1999）。

於全球生活具有「反思性」（reflexivity）的特質，使得單獨個體的行為與社會組織結構的活動相互交流，以調整自身。全球化不僅是「單向的」受到全球結構的影響，同時也與全球化過程中「在地」參與有密切的關連[63]。

透過以上的論證，在本章的末尾我們援引湯林森的說法來作為總結：「全球化」是現代文化的重心，而文化實踐（cultural practices）更是全球化的核心，兩者是一體的兩面[64]。

本書著重在解析「文化全球化」與「全球在地化」兩相激盪下，文化教科書中的「自他論述」承受國際社會場域的影響，相互牽引、排斥、擴張、壓縮、扭曲、矯揉之實況，並指出「日本文化教科書」的轉寫策略與編撰傾向。無庸置疑，這裡將以全球化作為研究具體問題的重要參考背景進行研究，強調「日本文化教科書」為主體，探討「全球化」景況下日本文化教科書的自他論述立場。

---

[63] 「反思性」是以「遞迴」為中心概念，意指行動者有意識地試圖解析他面對的情境，採取適當的回應，同時留意回應於情境的影響，並且據以調整行動，進一步確定該情境的意義。「遞迴」（recursive）在數學與電腦的運算中，由一種（或多種）簡單的基本情況定義的一類物件或方法，並規定其他所有情況都能被還原為基本情況。「反思性」的行為源自於人類具有自省的天性，使我們在一連串的行為過程中，能根據蒐集到的外部資訊，以及最初所處的基本情況，持續調整自身行為，不致迷失。「反思性」的概念最早是由哈洛德・葛芬柯（Harold Garfinkel）所提出。詳參 Ulrich Beck. *"The Reinvention of Politics: Rethinking Modernity in the Global Social Order."* Cambridge, MA: Polity Press, 1997. 湯林森《最新文化全球化》鄭棨元、陳慧慈譯（台北：韋伯文化，2005）p. 26（原著：John Tomlinson. *"Globalization and Culture."* Chicago: University of Chicago Press, 1999）。

[64] 湯林森《文化全球化》鄭棨元、陳慧慈譯（台北：韋伯文化，2002）pp. 1, 16-20（原著：John Tomlinson. *"Globalization and Culture."* Cambridge, UK: Polity Press, 1999）。

第二章
「文化全球化」理論與「自他論述」之接合點

　　「文化全球化」與「全球在地化」的相關文獻浩瀚龐雜，特別是前者，德國慕尼黑大學社會學教授貝克（Ulrich Beck）說：「若要為全球化定位，就好比是想要把布丁釘在牆上」（Beck, 1989）。其言語雖戲謔，但的確點出為「全球化」作出明確定義的困難度，遑論析解「文化全球化」的理論體系。

　　然而，本著既然訂定以「『文化全球化』與『全球在地化』景況中日本文化教科書『自他論述』的策略」為題，不僅必須全盤掌握「文化全球化」與「全球在地化」的理論體系，更要通盤考量，充分說明如何演繹「自他論述」。

一、「自他論述」的成因

　　文化課題就是瞭解「人類如何生存，個體和團體如何建構起彼此瞭解的秩序和意義，以方便溝通」[65]。那麼，若將「文化」置於「文化全球化」與「全球在地化」的象限中，則上述定義

---

[65] 湯林森《文化全球化》鄭棨元、陳慧慈譯（台北：韋伯文化，2002）pp. 1, 18-22（原著：John Tomlinson. *"Globalization and Culture."* Cambridge, UK: Polity Press, 1999）。

必須隨之提高次元，在「個體和團體」之外，添加「各團體之間」的因素，以擴大解釋反映現況。本著之所以提出「自他論述」作為課題，實乃肇始於焉。

爬梳析解「全球化」與「文化全球化」的相關文獻，筆者認為「自他論述」所以成為議題，主要原因有二：（一）就客觀面而言：「全球化」局勢造成「自他」在凝縮的空間中頻繁地接觸，形成「文化全球化」的原動力；（二）就主觀面而言，「文化」的「識別作用」作為「自他」的卦限，加以「文化民族主義」順勢而為，推動「全球在地化」，成為「文化全球化」的反動力。

（一）「自他論述」在客觀面的成因

在「全球化」的驅動之下，時間、空間急遽凝縮，造成了各種文化及思想之間的交融與涵化，或是引發抗拒及衝突。最明顯的就是「傳統」與「現代」之間的相互衝擊。此外，「霸權主義」與「基本教義主義」之間也發生了衝突。楊雪冬分析衝突的背景在於：「全球化是一個多向度的過程，包括社會、政治、經濟、軍事等諸多領域的變革。⋯⋯一方面舊制度無力應付，另一方面新制度還不成熟，所以會產生強烈的負面影響中，突出的有兩種：霸權主義、基本教義主義。前者指的是為了自己的利益，力圖把自己的模式推廣到全球範圍，⋯⋯後者並不是單純宗教意義上的，泛指一種武斷地維護某種教義，沒有寬容的態度。從本質上來說，霸權主義和基本教義主義都是一種中心主義，都忽視了全球化的多元特徵」[66]。

---

[66] 詳參楊雪冬《全球化》（台北：揚智，2003）pp. 8-9。

正是由於「全球化」力量的驅動下，時空急遽凝縮，不同文化及思想之間的作用，致使原本「異時異域」、「同時異域」的文化混淆。尚─皮耶・瓦尼耶（Jear-Pieree Warnier）說的直截而精確：「文化市場全球化所造成的問題，皆反應在一個開放的空間，身陷在文化物品全球化市場中，那些無法估計的傳統文化（即所謂的「民族」文化）的命運……」[67]。正因為如此，昔日用以區劃「民族國家」的文化特色漸次模糊。借用社會學者貝克的說法：「全球化」的過程中，國家主權受到各種力量的困擾與削弱。全球化意味著沒有「世界國家」、「世界政府」、「世界社會」[68]。然而，究其實質，「文化是個別的，甚至是排他的；也唯有在建立與他者的相異性之際，才能確定自身的存在」[69]。這也正是「自他論述」興起的客觀成因。

（二）「自他論述」在主觀面的成因

　　「人類本質就是一部製造差異的機器，他們最擅長的莫過於『同中求異』」[70]。藉由尋求與他者的「差異」，定義自我。

---

[67] 尚─皮耶・瓦尼耶《文化全球化》吳德錫譯（台北：麥田，2003）pp. 36-37（原著：Jear-Pieree Warnier. "*La Mondialisation De La Culture.*" Paris: Découverte, 1999）。
[68] 詳細內容參閱 Ulrich Beck "*What is Globalization?*" London: Polity Press, 2000。
[69] 尚─皮耶・瓦尼耶《文化全球化》吳德錫譯（台北：麥田，2003）p. 10（原著：Jear-Pieree Warnier "*La Mondialisation De La Culture.*" Paris: Découverte, 1999）。
[70] 尚─皮耶・瓦尼耶《文化全球化》吳德錫譯（台北：麥田，2003）p. 13（原著：Jear-Pieree Warnier "*La Mondialisation De La Culture.*" Paris: Découverte, 1999）。

因此只要是有人的地方，必然存在差異，這個特質也反映在「文化」之上。「文化」的「識別作用」、「導引作用」，以及文化生生不息，推陳出新的再生能力，使得「自他」的壁壘隱然而具體的存在[71]。

吳德錫在尚─皮耶‧瓦尼耶的《文化全球化》中譯本序文中論述「文化如何全球化」，說道：「文化是個別的，甚至是排他的；也唯有在建立與他者的相異性之際，才能確定自身的存在……人類的『存異』與『求同』幾乎無時無刻不在進行著……」[72]，而「全球在地化」的基點，實乃肇源於此。羅伯遜（Roland Robertson）批評紀登斯（Anthony Giddens）把「全球化」敘述為：「以全球為範圍的現代性（modernity）就是忽視「文化」、「文明」在定義全球化中的意義；羅伯遜以「經濟保護主義」為例，闡釋全球化聲浪中，「一致性」與「多樣性」、「統一化」與「特殊化」在對抗中向前驅動的情況：「雖然保護主義者未必會因此而放棄經濟保護的理念，……但在思及此一問題時，仍然會考慮世界一體已是大勢所趨」[73]。

---

[71] 依據社會學家屈什（Cuche Denys）的研究，自他之別根源於「認同」。「認同」實為文化的總彙，自、他、異、同，皆由此產生。詳參其著作 *"La Notion De Culture Dans Les Sciences Sociales."* Paris: La Découverte (Repères, 205), 1996, p. 124。

[72] 尚─皮耶‧瓦尼耶《文化全球化》吳德錫譯（台北：麥田，2003）p. 10（原著：Jear-Pieree Warnier. *"La Mondialisation De La Culture."* Paris: Découverte, 1999）。此外，亦有其他學者持相同論點，例如：Barrie Axford. *"The Global System: Economics, Politics and Culture."* New York: Polity, 1995; Anthony Giddens. *"The Consequences of Modernity."* Cambridge, UK: Stanford University Press, 1990 等為其代表。

[73] Roland Robertson. *"Globalization: Social Theory and Global Culture."* London: Sage, 1992, p. 100.

究其實質，兩大泰斗的辯論，其實聚焦於全球化聲浪中「自」與「他」的對峙，肇因於「特殊」與「一致」的衝突[74]。另一方面，截至目前，「全球化」似乎僅止於提供法國人類學者奧古（Marc Augé）所謂之「非場所」[75]，這種不具有「相對性」、「歷史性」和「認同」的空間——「非場所」，即使大量增加亦不足以形成所謂的「全球文化」。此外，文化民族主義者自覺「全球化」的能力，等於跨越疆界的能力，也等同於包裝「在地文化」供全球市場消費的能力，「乏人問津，無法行銷的身分遲早要遭到淘汰，處於被淘汰身分中的人，就不能成為消費的主體」[76]；在無可抗拒的「文化全球化」浪潮中，若非順勢調整「自他論述」，乘勢以「全球在地化」為槓桿，將具有主體性的文化特色推向全球化的洪流，則用以識別區化「自他」的傳統文化，必將被「文化全球化」吞噬。

　　以上，聚焦於「文化全球化」理論與「自他論述」相關之文獻，縱觀各領域學者，剖析文化全球化場域中自他互動的結構，以作為解析「自他論述」隱匿於「日本文化教科書」裏的線索。

---

[74] 石之瑜〈「全球化」的方法論與反方法論〉《政治與社會哲學評論》2003年第6卷 pp. 146-147。

[75] 「非場所」係為奧古經由精密而反覆的論證而提出，乃指不具有「相對性」、「歷史性」和「認同」的空間。他以此論辯「全球化」走向，與「全球文化」之樣貌，詳參其著作 *"Non-Place: Introduction to the Anthropology of Supermodernity."* London: Verso, 1995。

[76] 石之瑜之言，雖聳動實則真確，詳參其作：〈「全球化」的方法論與反方法論〉《政治與社會哲學評論》2003年第6卷 pp. 151-152。

二、日本人論

　　談到以日本為中心的「自他論述」，就不能不提起「日本人論」。關於「日本人論」一詞，除了世界各國學者加以研究論證之外，也有由日本主導闡釋的觀點，研究當代日本民族主義的社會學家吉野耕作就是其中之一。一般而言，「日本人論」是指對於日本文化、社會、民族性的廣泛性論述。吉野從文化民族主義的視角重新定義「日本人論」，將其視為「我族特殊論」的型態之一，進而表述其內涵。

　　人類學家青木保（Aoki Tamotsu, 1938-　），歸納1945年到1990年日本人論的特徵，將其發展區分為四期。依據每一個時期各自的形成背景及相對的特徵，依序定名為「否定的特殊性之認識」（1945-1954）、「歷史的相對性之認識」（1955-1963）、「肯定的特殊性之認識」，又分成前期（1964-1976）與後期（1977-1983）、「從特殊性到普遍性」（1984-　）。從四個時期的特徵也可觀察到日本與全球互動的軌跡，以及日本人論在世界視野下的變遷。

　　根據吉野的看法，關於日本人論最常提到的日本社會及日本國民性的特質，都涵蓋在以下四個命題當中：

> 一、不同於西方的個人主義社會，日本社會講求集團主義，並從集團主義衍生出社會結構及社會心理的特質，『縱向社會』、『依依愛戀』正是掌握這些特質的關鍵概念。

二、不同於歐美人重視語言及邏輯的溝通方式，日本人講究表面服從或以心傳心，是一種非語言及超越邏輯的溝通。

三、在社會同質性和單一性的命題方面，許多日本人論都會強調西方、特別是美國乃多元民族和多元人種的社會，而日本卻是單一民族的社會。

四、主張日本文化（思考及行動模式）只有與生俱來的人才能理解，也就是強調文化乃特定民族所擁有的這種前提[77]。

　　實際將上述四個命題套用至本書著眼點——「日本文化教科書」當中，可以發現根據作者或是編者論述立場的不同，日本人論呈現出的面向也隨之產生差異。不管是以何種立場編著的「日本文化教科書」，必定都是以介紹日本的文化為共同目標。然而以外國人的身分編著的「日本文化教科書」，闡述日本人論的篇幅少，反而以編者母國與目標文化的比較對照為重心，例如第四章將介紹的《日本文化概論》當中[78]，就不難發現這樣的傾向。反之，出自於日籍編者之手的「日本文化教科書」，可以說是完全吻合上述四個命題，像是第五章分析的文本《日本剖析》一書，表現尤為明顯。

---

[77] 詳參邱琡雯〈文化國族主義的躍動：「日本人論」的再生產與消費〉《當代》第 81 卷 pp. 72-81。
[78] 韓立紅《日本文化概論》（天津：南開大學，2003）。

雖然「同中求異」是人類的天性，這也是人類與生俱來被賦予的特權。但是，人類不可能只以純然的某一文化自居，抗拒異文化。人類的文化也永遠不可能趨向一致化，那毋寧說是一種幻象[79]。羅薩爾多（Rosaldo）的論述可以作為上述說法的參考：

> 融合可以被視為是所有人類文化正在經歷的狀態，所以沒有任何純粹的區域，因為所有文化都持續地經驗著跨文化的轉變（文化之間的雙向溝通）。摒除純粹和融合對立的觀點，這一立場認為所有文化均是融合的過程和結果（Rosaldo, 1995:xv）[80]。

因此，究其本質，人類自始至終都是一個「文化混種體」（multimetissage/hybridization）[81]。唯有順應全球化的趨勢，重視不同文化之間的聯繫與交流，才有可能真正體現「文化全球化」的精神。

---

[79] 尚—皮耶・瓦尼耶舉安塞勒及萊威倫（T. Lewellen, 2002）兩位人類學者，以及英國人種學者李奇（E. Leach, 1981）、傳播史專家馬泰爾拉（A. Mattelard, 2000）等人的見解佐證這個說法。尚—皮耶・瓦尼耶《文化全球化》吳德錫譯（台北：麥田，2003）p. 133（原著：Jear-Pieree Warnier. "*La Mondialisation De La Culture.*" Paris: Découverte, 1999）。

[80] 引文中的「這一立場」是指人類學的立場。作者以人類學的角度解釋多種信仰的結合，進而獲致引文的結論。湯林森《文化全球化》鄭棨元、陳慧慈譯（台北：韋伯文化，2002）pp. 158-159（原著：John Tomlinson. "*Globalization and Culture.*" Cambridge, UK: Polity Press, 1999）。

[81] 尚—皮耶・瓦尼耶《文化全球化》吳德錫譯（台北：麥田，2003）p. 14（原著：Jear-Pieree Warnier. "*La Mondialisation De La Culture.*" Paris: Découverte, 1999）。

綜上所述,欲在「文化全球化」的背景之下剖析以日本為中心的「自他論述」,我們必須加入台灣在地化的「本土反應」,才能說是正確地執行「全球化的思考」。

第三章
「文化」的載體──「文化教科書」

　　前一章評析了「文化全球化」與「全球在地化」理論，並進一步瞭解其發展進程及相關要義。本章將聚焦於文化的載體──「文化教科書」，探討「文化」與「文化教科書」之間的關連。除此之外，為了彰顯「文化教科書」對於文化傳遞以及外語教學領域的重要性，本章也將剖析學界與「文化教科書」有關的研究理論。

　　1980年代至90年代初，日語教育先進水谷修、細川英雄等諸氏振聲疾呼「日本文化教育」的重要性。更有林さと子、豐田豐子、松井嘉和等多位學者批判日本社會的現況，建言改善。時至今日，「日本文化教育」雖蔚為「日語教育學」的一支，究其研究內容則多偏重課程、教材的調查研究，鮮少結合「社會科學理論」與「語文教育實務」，為此一研究領域奠定研究理論者。

　　然而，語言與文化關連緊密，文化影響語言，語言反映文化，這正是「語言教育」無法孤立於「文化」之外的主因。為了避免語言‧文化教學，淪為對陳年舊事作支離破碎的介紹，甚至因為編者的主觀意識，誤導學習者認識客觀的文化現象。故語文教科書對於社會‧文化之論述，理應服膺社會學理論；而語文教育學者，也應該持續關照社會‧文化的發展，俾以不失偏頗，提出客觀的論點，以收相輔相成之效。

由於「文化教科書」當中存在的已不僅單純是文化的問題，更牽涉了語言、民族等其他領域的因素。再者，要在全球化的背景之下研究這個課題，又會衍生社會、國家等層次更高的論述。要析解其中的邏輯，就不能只停留在單一領域的研究心態。有感於此，筆者認為應從社會科學的觀點，為此一研究領域注入新觀念，擴充及研究視野，充實其理論基礎。

一、文化仲介者

　　美國的社會學家愛德華・希爾斯（Edward Shils）[82]根據其所發揮的作用，將知識分子區分為兩類，一種是「生產型知識分子」（productive intellectuals），指單純負責生產知識的族群，例如學者、研究人員；另一種是「再生產型知識分子」（reproductive intellectuals）[83]，擔任解釋與傳播知識的角色，以教育、傳媒、娛樂事業工作者為例。學界的焦點多集中於前者，認為「生產型知識分子」掌握知識創造的大權，重要性不容小覷，較少關注知識傳播的過程。

---

[82] 愛德華・希爾斯（Edward Shils, 1910-1995），是當代美國傑出的社會學家，社會思想委員會的成員和創始人之一。《知識分子與當權者》傅鏗、孫慧民、鄭樂平、李煜譯（台北：桂冠，2004）（原著：Edward Shils. "*The Intellectuals and the Powers and Other Essays.*" Chicago: The University of Chicago Press, 1974）。

[83] Shmuel N. Eisenstadt 把「再生產型知識分子」稱為「二次知識分子」（secondary intellectuals），此外，Pierre Bourdieu 所定義的「新知識分子」（new intellectuals），是一種對知識積極的消費者，將深奧難解的知識內涵簡化後介紹傳播給民眾；Mike Featherstone 所說的文化仲介者也有類似意涵。詳參邱琡雯〈文化國族主義的躍動：「日本人論」的再生產與消費〉《當代》第 81 卷 pp. 72-81。

從日本人論的再生產及消費的過程來看，吉野耕作注意到的是「文化仲介者」（cultural intermediaries）的角色。廣義而言，文化仲介者涵蓋了所有參與文化傳播的人，從媒體從業人員、旅遊業者、廣告公司、企業、甚至是單一個人都可能因為參與了文化傳播的某一段過程，而成為文化仲介者。在所有文化仲介者當中，身為「文化差異相關論述的再生產者與傳播者」的文化教科書編撰者以及外語教師，擔負的責任相對重大。為了因應全球化發展的需求，文化經常伴隨著語言教育迅速傳播。文化仲介的過程中，文化教科書編撰者負責建構文化文本，再交由外語教師傳播，這就是文化課程當中最常使用的「文化教科書」，例如「日本文化教科書」，而這些教科書也常成為「文化民族主義者」覬覦的目標，毫不避諱的充斥著各式各樣的「日本人論」，這正是「日本文化教科書」與其他語種或是其他領域的教科書最顯著的差異。

　　在文化傳播的過程中，身為日本文化仲介者成員的日語教師，如何在「日本文化教科書」的內容當中，辨明「文化」與「文化民族主義」，以客觀的角度引導學習者認識日本文化，成為不得不深思的議題。

二、文化教科書研究的重要性

　　「文化教科書研究」，無論在於外語教育、語文教學實務、甚至是文化教育理論等諸多層面，都是重要的環節之一[84]。而

---

[84] 《全球化的學習與理解：國際教科書檢視與專題分析》一書的作者楊景堯，提出教科書編撰的制度設計的過程，應該加入「檢視者」（viewer）的角色。教科書是將知識重新解構後再建構的成品，加入「檢視者」的角色，可以

「日本文化教科書研究」與日語教育的關連更是顯著,深化「日本文化教科書研究」,無庸置疑地,將有助於改善日語教育的品質。本節將針對「文化教科書研究」在「文化教育理論」、「日本語文教學實務」、「各國外語文教學」三個層面之重要性,分述如下。

(一)文化教育理論層面

「語言」與「文化」之間的關連緊密,不可分割,歷來有多位語文教育學者,闡釋其精要。Nelson H. Brooks 開宗明義指出:「語言與文化密不可分」[85]。Ruth R. Cornfield 則倡言:「文化決定每個人的行為與語言」[86]。Claire J. Kramsch 以不同的立場說明詮釋相同的哲理:「語言描繪出文化,並將文化具體化、象徵化」[87]。芳賀綏則具體指陳兩者之間的關係:「語言由社會形成,同時,社會透過語言而形成」[88]。壽岳章子則認為:「語言與社會之間有密切的關係,語言真實地反應社會的各種特質。人們的思想、美意識、或是社會組織的特點,大多可以

克服長久以來教科書為人詬病的致命傷。筆者認為「文化教科書」的內容較諸其他其他領域的教科書,更是與人的生活點滴息息相關,「文化教科書研究」的重要性不僅止於本文中提到的外語教育、語文教學實務、甚至文化教育理論等層面,在全球化景況下更能見其價值。詳參楊景堯《全球化的學習與理解:國際教科書檢視與專題分析》(台北:國立編譯館,2010)序言。

[85] Nelson H. Brooks. *"Language and Language Learning: Theory and Practice."* New York: Harcourt, Brace, and World, 1964.

[86] Ruth R. Cornfield. *"Foreign Language Instruction: Dimensions and Horizons."* New York: Appleton-Century-Crofts, 1968.

[87] Claire J. Kramsch. *"Language and Culture."* New York: Oxford University Press, 1988, p. 3.

[88] 芳賀綏『日本語講座　第3巻　社会の中の日本語』(東京:大修館,1976)p. 8。

藉由語言而得知」[89]。其中，以下出自 H. D. Brown 的一段話，最能完整詮釋「語言」與「文化」兩者，做為學習目的及過程的密切關係[90]。

> 學習新的語言，就是學習新的生活方式。我們越過母語的界限，努力地進入另一個具有全新的語言、文化、思考方式的世界時，可以說我們連精神都受到某種影響。

因此，「文化教育」必然是語文教育裡，極其重要且不可或缺的環節，而文化教學也必然與語文教育相互伴隨、相輔相成。

對此，中村春作在「日本文化學」一文中，就「文化教育」對於「語言教育」重要性，做出如右說明：「既然語言與文化是一體，教授某種語言，當然也就是傳遞與語言同一體系的文化」[91]。由此可知，教授日本語言是不可能不碰觸日本文化的。日語教育家池田摩耶子對於從事日語教育的日籍教師提出呼籲：「日語是由日本文化所產生，因此日本人在教導外國人自己的母語──日語的同時，也就是教導外國人日本文化，不只是日語如此，嚴格地說，各種語言的學習都不可能僅是學習語

---

[89] 壽岳章子『日本語と女』（東京：岩波，1970）p. 1。

[90] H. D. Brown. "*Principles of Language Learning and Teaching.*" New York: Prentice-Hall, 1980. 此外，下列學者亦曾提出類似的主張：林さと子「日本語教育における文化の問題」『日本語学』1989 年 12 月号 pp. 14-20；寺尾秀夫『講座　日本語と日本語教育 13 日本語教授法（上）』（東京：明治書院，1992）p. 395。

[91] 中村春作「日本文化學」，收錄於奧田邦男『教職科學講座 25 日本語教育学』（東京：福村，1992）p. 168。

言而已」[92]。光田明正更明確地指出：「語言體現文化，脫離文化則語言教育無法成立」[93]。透過以上三位學者，我們更可以確定「文化教育」與「語文教育」之間的不可分割性。

探其究竟，實乃「文化教育」使語言鮮活地結合「文化圖景」[94]，營造文化場景，增進學習者深入瞭解，由淺入深、循序漸進熟諳該種語言[95]。此外，「語文教育」首重的「聽、說、讀、寫、譯」五大技能，亦皆無法脫離「文化」而成立[96]。

根據 Patricia Johnson 的研究得知：「隱藏在語言背後的文化，對於理解語言發揮重要的功能。對於外語學習者而言，較諸複雜的語言，文化方面的知識，對於外語的理解影響更大。……外語學習者主要是憑藉文化方面的知識，理解文章，而不是憑藉外語方面的知識」[97]。宮田齊（**Miyada Tadashi**）則以從事英語教育多年的經驗，在「語言教育與文化背景」一文

---

[92] 池田摩耶子『講座　日本語教育』第 9 分冊（東京：早稻田大學語學教育研究所，1971）p. 90。

[93] 光田明正『講座日本語と日本語教育 13 日本語教授法（上）』（東京：明治書院，1992）p. 395。

[94] 「文化圖景」簡言之，就如同「蒙古包」、「游牧」之於蒙古文化；「相撲」、「藝妓」、「生魚片」之於日本文化；「速食」、「棒球」之於美國文化；「京劇」、「長城」之於中華文化。相關論述散見於：羅志平《民族主義 理論、類型與學者》（台北：旺文社，2005）pp. 397-403；郭洪紀《文化民族主義》（台北：揚智，1997）pp. 1-41；黃文雄《民族主義》（台北：一橋，2003）pp. 25-35。

[95] 倉地曉美「学習者の異文化理解についての一考察─日本語・日本事情教育の場合─」『日本語教育』第 71 号 p. 166。

[96] 英語教學者戴維揚、王清瀅、游毓玲、何慧玲、梁耀南等，曾經分別從英語「聽、説、讀、寫、譯」的面向，闡述「文化」對於語文學習與應用的重要性。詳參戴維揚《語言與文化》（台北：文鶴，2003）。

[97] Patricia Johnson. "*Effects on Reading Comprehension of Language Complexity and Cultural Background of a Text.*" TESOL Quarterly, 1981. Vol. 15. pp. 169-181.

中指出:「語言教育,其實就是教導學習者,認識構成語言基礎的文化」[98]。而國內也有多位語文教育學者,如黃自來、蘇順發、鄧慧君、沈毓敏與楊育芬、林欽明、張崇旂等,相繼提出類似的見解[99]。

(二)日本語文教學實務層面

日本語文教學實務方面,1980年代起,以水谷修(Mizutani Osamu)、細川英雄(Hosokawa Hideo)等大家為首,接連有佐佐木瑞枝、奧西峻介、石田敏子多位日語教育學者,就教學實務面倡言「日本文化教育」的重要性[100]。「日本文化教育」

---

[98] 宮田斉「語学教育と文化的背景」『講座日本語教育』第5分冊(東京:早稻田大学語学教育研究所,1971)p. 10。

[99] 黃自來〈美國文化價值觀與英語教學〉《人文及社會科學教學通訊》1992年第3卷第4期 pp. 4-25;蘇順發〈淺談英(外)語教科書潛藏的文化宰制現象及其衍生的文化教學問題〉《英語教學》1999年第23卷第4期 pp. 16-25、鄧慧君〈文化背景知識與語言理解〉《英語教學》1994年第18卷第4期 pp. 1-55;沈毓敏、楊育芬〈台灣英語教學之文化探討〉《中華民國第十二屆語文教學研討會論文集》(台北:文鶴,1996)pp. 13-14;林欽明〈用什麼來與外國人對話?是英語,還是文化?〉《通識在線》2006年第6期 pp. 13-14;張崇旂〈從比較文化談臺灣英語學習的文化衝突〉《興大人文學報》2010年 pp. 267-288。

[100] 類似的論述、呼籲極多,舉其要者如右:水谷修「特集 日本事情 日本事情とは何か」『言語』1990年10月号 pp. 22-27、『日本事情ハンドブック』(東京:大修館,1995)pp. 3-17;細川英雄『考えるための日本語』(東京:明石書店,2004)pp. 217-229、「ことば・文化・社会を学ぶ—学習者主体の『日本事情』教育のあり方について—」『講座 日本語教育』1994年第30分冊 pp. 48-62;佐佐木瑞枝「日本文化の見方に関する 日本語教育と国語教育」『日本語学』1991年10月号 pp. 12-20;奧西峻介「日本事情の授業3—日本事情から日本文化へ、そして……」『言語』1990年10月号 pp. 42-47;石田敏子『改訂新版 日本語教授法』(東京:大修館,1988)pp. 3-12。

已卓然蔚為日語教育學的一支,然而,此一研究領域,仍然側重教學法研究與教育現況調查[101]。

---

[101] 近年對於「日本文化教育」現況調查,與教學方法研究,雖未成為風氣,但較諸 20 餘年前,質量皆有明顯增長,茲列舉要者數例如下,以概其餘:寺村秀夫『講座 日本語と日本語教育 13 日本語教授法(上)』(東京:明治書院,1990);細川英雄「日本事情の授業 2—教養部スタッフと協力して」『言語』1990 年 10 月号;「教育方法論としての『日本事情』—その位置づけと可能性—」『日本語教育』1995 年 87 号;『日本語教師のための実践『日本事情』入門』(東京:大修館,1994);「ことば・文化・社会を学ぶ—学習者主体の『日本事情』教育のあり方について—」『講座 日本語教育』1994 年第 30 分冊;石田敏子『改訂新版 日本語教授法』(東京:大修館,1988);岡崎恒夫「ワルシャワ大学に於ける 日本語教育事情」『日本語学』1989 年 12 月号;堀聟子美「ブルガリアにおける日本語教育事情」『日本語学』1989 年 12 月号;砂川祐一「言語的コードの多重性—『日本事情論への一視角』」『特集 アルチュセールと現代思想』1993 年 11 月号;野田孝子「『日本事情』科目の可能性」『苫小牧駒沢大学紀要』2004 第 11 号;山口和代『南山大学総合政策学部での日本語教育における『日本事情』の位置づけと今後の課題』『国際開発研究フォーラム』(2004);江淵一公『異文化間教育研究入門』(玉川大学出版部,1997);宮城典江「日本語教育における『日本事情』—その捉え方教授形態について」『国際経営フォーラム』1994 年第 5 巻;牧野成一「文化能力基準作成は可能か」『日本語教育』2003 年 118 号;野田孝子「インタビュー活動を用いた『日本事情』科目の実践」『苫小牧駒沢大学紀要』2005 年第 14 号;德井厚子「『伝統』を考える授業—日本事情教育の中で—」『信州大学教育学部紀要』1997 年第 93 巻;「『日本事情』の役割とイメージ—学生たちの眼をとおしてみえてくるもの—」『教育システム研究開発センター紀要』1996 年第 1 号;脇田里子「Web を利用したオムニバス講義の日本事情教育とその実践」『日本教育工学会誌/日本教育工学雑誌 23』1996;藤原雅『上級日本語教育の方法』(凡人社,1997);早稲田大学日本語研究教育センター『講座 日本語教育』第 33 分冊,1998 年;斉藤修一「現地教育としての日本事物教育」『日本語教育』1976 年 27 号;佐藤洋子「『日本事情』で扱う年中行事」『講座 日本語教育』第 25 分冊,1988 年;岡崎敏雄「『異文化教育としての日本語・日本事情』:照応用論による教材開発の基盤の拡充と強化—『断りにくさ』の研究叙—」『広島大学教育学部紀要』1988 (2-37);三浦陽一「留学生に『日本』をどう教えるか—『日本事情』の原理と 容について—」『日本の科学者』1990 (25);砂川祐一「『日本事情論』の視界の 充のために」『広島大学留学生教育』1999 (3);佐藤勢紀子「『日本事情』を開く—授

誠如上述，日本語文教學實務鮮有結合「社會科學理論」與「語文教育實務」，為「日本文化教科書」研究指出發展方向，奠定理論基礎者。因此，任何足以補足此一遺闕者，皆彌足珍貴，值得鼓勵。

　　或有語文教育學者，認同顧百里（Cornelius C. Kubler）[102]言──「課本不等於課程」[103]。但是不容否認，「教科書」依然是語文教學的腳本，影響教學至鉅[104]。其主要功能，在於提供教學藍本，界定教學範圍，引導教學方向，達成教學目

業改善のプロセス─」『広島大学留学生教育』1999 (3)；小林ミナ「北海道大学日本語研修コースにおける『日本事情』授業」1999 (3)；和田健「日本事情教育における民族資料の活用とその試行錯誤─多 な日本の習俗を見せる試みの一つとして─」『千葉大学留学生センター紀要』2000 (6)；柏崎雅世「『日本事情テキストバンク』の教材開発」『東京外国語大学留学生日本語教育センター論集』2004 (30)；楠本徹也「良い日本語教科書の条件─『新概念日語1』出版にあたり─」『東京外国語大学　留学生日本語教育センター論集』 2003 (29)；倉地曉美「ジャーナル アプローチの展開─日本語・日本事情教育の新しい方向に向けて─」『日本語教育』1993 (82)；金本節子「日本語教育における日本文化の教授」『日本語教育』1988 (65)；原土洋「日本事情のとらえ方─東北大学教養部の場合─」『日本語教育』1988 (65)；佐々木倫子「大学正規科目としての日本事情教育」『日本語教育』1988 (65)；奥田久子「学生中心の『日本事情』─基本的な着眼点の授業研究─」『日本語教育』1988 (65)；川上郁雄「日本文化を書く─『日本事情』を通じてどのような力を育成するか─」『宮城教育大学紀要』1997 (32)；家根橋伸子「観光系学科における『内省・発信型』日本文化授業の実際と可能性」『Studies in comparative culture』2010 (92)；久野かおる「日本事情4〈日本の文化〉授業実践報告」『Review of Asahi University, Japanese Language & Culture Courese』2011 (8)。

[102] 顧百里（1952-），美國佛羅里達州人，歷任美國國務院外交學院亞非語文系主任、美國在臺協會華語學校校長、美國威廉大學亞洲研究系史丹費爾德講座教授暨系主任，為國際知名的和學者、語文教育學者。

[103] 顧百里〈教外籍人士華語文應注意的問題〉《華文世界》86 期 世界華文教育學會 pp. 67-74。

[104] 藍順德《教科書政策與制度》（台北：五南，2006）pp. 2-17；李園會〈世界各國的教科書制度〉《現代教育》1989 年第 13 期 pp. 18-26。

標[105]，因此教科書內容的適否良窳，緊密關連其功效的巨微優劣[106]。

（三）各國外語文教學層面

綜觀各語種之「外國語文教育」，取法英、美之處甚多，無論教科書編纂、教學方法、測驗評量之理論與實務皆是，此乃「國際通用語」之「宿命」使然，其內容必須兼容寰宇諸國，並蓄各地風情。

「日語教育」則為另一極端，屬於「區域語言」。雖然日本的生產力強[107]，國際地位重要、人口眾多[108]。即使數十年來投入「非母語教育」之學者日益增長，日語仍然僅使用於與日本人溝通。因此，為增進言談之效率與深度，日語教育之內涵勢必廣及日本的社會、政治、經濟，乃至歷史、地理、民俗、文學……等範疇。也因為這個緣故，「日語教育」緊密結合「日本文化教育」；而研究日本文化教科書獲致之理論，也必定足以作為其他語文教育的「參考模式」。

---

[105] 黃振球〈談學校如何遴選教科書〉《臺灣教育》第 543 期 pp. 12-15；方德隆《課程理論與實務》（高雄：麗文，2001）。

[106] Mikk Jaan. "Textbook: Research and Writing." New York: P. Lang；張祝芬《如何選用教科書》（台北：漢文，1995）pp. 76-79；黎家慶〈收放之間──談教科書的開放與審查〉《臺灣教育》（台北：漢文，1995）pp. 76-79

[107] 日本 2012 年的 GDP（Gross Domestic Product 國內生產總值）為 5 兆 9,359 億，僅次於美國及中國，占世界第三位。詳參內閣府国民経済計算（GDP 統計）〈http://www.esri.cao.go.jp/jp/sna/menu.html〉。

[108] 依照外務省国連人口基金「世界人口白書 2013」的統計，2013 年日本總人口數為 1 億 2,710 萬，居第十位〈http://www.mofa.go.jp/mofaj/kids/ranking/jinko_o.html〉。

三、「日本文化教科書」之研究

我們很難為「文化」做出具體且完整的定義，借用文化人類學家泰勒（Edward Burnett Tylor）[109]的說法：「文化（或文明）」的本質與內涵就是「知識、信仰、藝術、法律、習俗等，以及做為某個社會的成員所具有其他的秉性和習慣在內的總合」[110]。如此一來，「文化教科書」就必須是包羅萬象的。社會學理論必能為「文化教科書」的內容提供檢驗之尺度，同時對於「文化教科書」之編撰指示可行之策略。

（一）「文化教科書」之重要性

各語種的外國學習者，其「學習動機」容或有異，對於該語種所屬的文化背景，具有高度嚮往則始終是主要的「學習動機」之一。也無論外語教學者所謂的「統合的動機」（integrative motivation）、「工具的動機」（instrumental motivation）、亦或「內發的動機」（intrinsic motivation）、「外發的動機」（extrinsic motivation），「文化」皆為「學習動機」的要項。也就是說，希望瞭解「目標語」（target language）蘊含的文化，終究是學習外語的原動力之一，並且無論日語、英語、華語，乃至其他各語種的外語教育研究，皆獲致類似的結論。

「日本文化教科書」之重要性在於：文化教科書的「自他論述」提供學習者一種「日本觀」，對學習者產生影響力，促

---

[109] Edward Burnett Tylor 英國文化人類學家（1832-1917），文化進化論的代表人物，著有《原始文化》及《人類學》。
[110] Edward Burnett Tylor. *"Primitive Culture: Researches into the Development of Mythology, Philosophy, Religion, Art, and Custom."* Vol. 1, Gardon Pr p. 1.

使學習者以之解釋發生於日本社會的各種現象、日本民族的行為模式、日本傳統技藝形成演變的歷程，乃至從古至今日本在世界舞台上扮演的角色。尤有甚者，「日本文化教科書」建構的「自他論述」，不僅顛覆學習者既有的日本印象，甚至完全取代其原有的「日本觀」。

加以各種語言的學習者之「學習動機」，或因年齡、職業、環境、生活經驗、性別等因素而有異同，然而對於該語種所屬的文化背景，具有高度的嚮往，則始終是主要的「學習動機」之一[111]。無論外語教學者所謂的「統合的動機」、「工具的動機」[112]、「外發的動機」[113]，「文化」皆為「學習動機」的要項[114]。

也就是說，希望瞭解「目標語」蘊含的文化，終究是學習外語的原動力之一，並且無論日語、英語、華語，乃至其他各語種的外語教育研究，皆獲致類似的結論[115]。這種主觀態度與

---

[111] R. Clement, & B. G. Kruidenier. 'Aptitude, Attitude, and Motivation in Second-Language Proficiency: A Test of Clement's Model.' *"Journal of Language and Social Psychology."* 4(1985), pp. 21-37.

[112] R. C. Gardner, & W. E. Lambert. 'Motivational variables in language acquisition.' *"Canadian Journal of Psychology."* 13(1959), pp. 266-272.

[113] Mihaly Csikszentmihalyi. *"Beyond Boredom and Anxiety: Experiencing Flow in Work and Play."* San Francisco: Jossey-Bass Inc., 1975. Martin E. P. Seligman, & Mihaly Csikszentmihalyi. *"Positive Psychology An Introduction."* American Psychologist, 2000, pp. 5-14.

[114] R. C. Gardner. 'Learning Another Language: A True Social Psychological Experiment.' *"Journal of Language and Social Psychology."* 2(1983), pp. 219-240.

[115] 例如下列論著，雖然皆以日文作成，研究對象則廣泛及於各國的外語學習者：郭俊海「中国人大学生の日本語学習の動機づけについて」2006 新潟国際センター紀要 (2) pp. 118-128；アンナ・バルスコワ「ロシア人大学生の日本語学習の動機づけについて」2006 新潟大学国際センター紀要 (2) pp. 144-151；森まどか「モンゴル人日本語学習者の日本語学習動機に関する分析」『語文と教育』2006 年第 20 号 pp. 105-115；荒井智子「台湾

心理背景，更促使日本文化教科書編撰者建立的「自他論述」，有效地被學習者全面接受，成為判斷解釋任何與日本相關事物的「參考架構」（frame of reference）[116]。

（二）「日本文化教科書」之現況

　　國內各大專校院日本語文相關學系所慣稱的科目名稱「日本文化」，與日本政府（「文部科學省」）所謂的「日本事情」，科目名稱雖然有所區別，實質的內涵並無太大的差異。依照日本文部科學省的認定：「日本事情」係專指以外國人為教學對象之文化課程。雖然內容有別於對日本國人所施行之「日本文化」課程，但是也有日語教育學者不細分兩者的差異，以「日本文化」一詞統稱之。文部科學省的「文大大第 244」號文中明確指出，「日本文化」課程規劃之內容為「一般日本知識、日本的歷史及文化、日本的政治・經濟、日本的自然環境、日本的科學技術」。再者，日語教育學者們對於「日本文化」課程內容的範疇，也都幾乎涵蓋人文科學與社會科學的各個領域。因此，我們可以瞭解「日本文化」與「日本事情」的差異僅存在於科目名稱上，科目的內涵皆納入人文科學與社會科學的領域[117]。

　　人日本語学習者の動機づけ―四年制大学 用日本語学科を例にして」『明海日本語』2006 年第 10、11 集 pp. 25-36；姚豔玲「中国語初級学習者の学習動機と学習状況」『研究資料集』2008 年第 16 号 pp. 27-39；佐藤夏子「韓国と日本の大学生の英語学習動機と学習行動」『日本実用英語学会論叢』2009 年第 15 号 pp. 13-20。

[116] Melvin Lawrence DeFleur, & Sandra J. Ball-Rokeach. *"Theories of Mass Communication."* New York: Longman, 1982.

[117] 水谷修「特集　日本事情　日本事情とは何か」『言語』1990 年第 10 号 pp. 22-27；細川英雄「教育方法論としての『日本事情』―その位置づけと可能性」『日本語教育』1995 年第 87 号 pp. 104-105，由以上文獻之中的說法，可獲致本文的結論。

因此,「文化教科書」研究不僅無法將「社會‧文化」摒棄於外,反而應該積極採納社會科學各領域有助於檢驗、改善「文化教科書」之理論,以充實其理論基礎,豐富其研究內容與編撰面向。

　　長久以來,日本語文教育學界輕忽「文化教育」的研究發展,因此其基礎理論遠落後於「語法研究」、「文學研究」、「教學方法研究」、「教學現況調查研究」、「教學成果評量‧測驗研究」等領域。

　　以「日本文化教科書」為例,所謂「自他論述」,「自」乃日本,而「他」即為日本以外的國家。若詳細考察「日本文化教科書」之「自」、「他」,不難發現編撰者之「國籍」與「國家認同」相關的問題。其中極端的例子為中國學者編撰的「日本文化教科書」,其內容出現「自他易位」(自＝中國、他＝日本)的情況極為明顯,其中往往以大篇幅詳述「中華文化」對於「日本文化」之影響,例如第四章將介紹的《日本文化概論》一書[118]。

　　是故,我們可以說:文化教科書的內容,實為「文化全球化」與「全球在地化」景況中「自他論述」的縮影,其內容往往承受國際社會裡政治、經濟、科技、文化等力量交錯形成的場域所影響,或牽引、排斥,或擴張、壓縮,或扭曲、矯揉。在無可抗拒的「文化全球化」浪潮中,如何因應時局形塑「國家形象」,乘勢以「全球在地化」為槓桿,擬定適宜的編撰策略,將具有主體性的文化特色推向「全球化」的洪流,而不致陷入「文化民族主義者」的迷思,就成為「文化教育」的傳承者與「文化教科書」編撰及研究者省思的重要課題。

---

[118] 韓立紅《日本文化概論》(天津:南開大學,2003)。

第四章
日本文化教科書之「自他論述」

　　以「日本文化教科書」為例，所謂「自他論述」，「自」乃日本，而「他」即為日本以外的國家。若詳細考察「日本文化教科書」之「自」、「他」，不難發現編撰者之「國籍」與「國家認同」相關的問題。其中極端的例子為中國學者編撰的「日本文化教科書」，其內容出現「自他易位」（自＝中國、他＝日本）的情況極為明顯，其中往往以大篇幅詳述「中華文化」對於「日本文化」之影響。

　　本章將綜觀具代表性之「日本文化教科書」，梳理析解其中「自他論述」的現狀，並舉其一進行文本分析。

一、日本文化教科書自他論述之現狀

　　茲列舉日本文化教科書實例數則說明如下，闡明本書欲探討問題之所在，並彰顯其重要性。

（一）《日本文化概論》

　　《日本文化概論》為天津市南開大學教授韓立紅女士，為該校日本語文學系高年級學生所編撰之「日本文化教科書」，2003 年由南開大學出版社出版。全冊分為 10 章，以日文撰

寫。開頭之第一章即以「日本文化之基本特徵——開放性與主體性」為題，把日本文化定調為「繼發的、攝取的文化」。相對於此，中國文化乃「原生的、創造的」文化。全篇即以此為基調，主客易位。首先大篇幅介紹中國文化的「原生性、繼續性」，再以之為基礎，介紹「開放性、周邊性」[119]強烈之日本文化。

其後雖然分章節訂立主題展開論述，然而不僅承繼前述論點之立場始終如一，其中隨處可見諸如「起源於中國，在中國因為戰亂而失傳，卻成為日本之優良傳統文化。例如：茶道、花道、宮廷音樂、舞蹈等皆然，在日本得以保存、發展」；「與亞洲之文明中心——古代印度、古代中國相比，古代的日本文化處於低水準的狀態……」等語[120]。在「日本文化教科書」中大篇章介紹「中國文化」已顯突兀，而此舉更使韓立紅教授刻意貶抑「日本文化」之意圖一表無遺。

由於對「全球化」的認知不足，使得部分學者對「全球化」的來臨感到憂慮，他們採取積極的策略對抗「全球化」的到來，就是提出「第三世界文化和本土主義」這個變形的後殖民概念，試圖以「本土主義色彩的所謂『中華性』來對抗全球化的大潮」。這種概念在中國大陸、港台和海外的華文文化圈都蔚為風潮[121]。《日本文化概論》作為「日本文化教科書」，也可歸

---

[119] 韓立紅《日本文化概論》（天津：南開大學，2003）pp. 1-3，筆者譯文。
[120] 韓立紅《日本文化概論》（天津：南開大學，2003）pp. 6-7，筆者譯文。
[121] 王寧在〈全球化：從經濟走向文化〉一文當中，由經濟面的全球化為著眼點，剖析其對文化面的影響。他歸納出文化全球化為文化研究的領域帶來兩方面的後果：積極面是為文化生產和學術研究帶來市場經濟規律和國際學術規範的制約，使得我們的經濟建設和文化建設之間的關係更為緊密，提升學術研究的品質以更接近國際水準；消極面則是使一部分精英文化或非市

為上述概念發酵的結果。以「在地化」對抗「全球化」的編撰策略，是否獲致成效，不待筆者明白指陳，結果也已呼之欲出了。

（二）《日本文化・社會・風土》

此書乃一群日本學者為四川大學所編寫之「日本文化教科書」。作者代表堀內一男在前言中提到：對於中國的情感「不只是因為空間的距離短近，更是因為，對於自身而言，具有無法抹去的時間上的糾葛」。堀內教授認為，所謂「時間上的糾葛」乃來自「15年戰爭」[122]。

在這個前題之下，理所當然的，書中各章節主題之排定，以至於用字遣詞，皆刻意化解現代中國知識分子的「仇日情結」，而這也就成為全書重要的主軸之一。因此，日籍作者群倡言：漢和兩族之文化交流時，對於日本文化啟蒙極為重要。儘管如此，另一方面，仍刻意另闢章節，介紹源自日本本土之所謂「國風文化」[123]。

對於「15年戰爭」的回顧，則從「資本主義」與「殖民主

場化的文化產品生產受阻，造成新的等級對立。由於對「全球化」的認知不足，使得部分學者對「全球化」的來臨感到不安，他們採取積極的策略對抗「全球化」。就是提出「第三世界文化和本土主義」這個變形的後殖民概念，試圖以「本土主義色彩的所謂『中華性』來對抗全球化的大潮」。這個概念在中國大陸、港台和海外的華文文化圈發酵。王寧《文化全球化研究》（台北：揚智，2003）pp. 196-199。

[122] 佐島群已、岩戶榮、須田坦男主編《日本文化・社會・風土》（成都：四川大學，2002）p. III。
[123] 佐島群已、岩戶榮、須田坦男主編《日本文化・社會・風土》（成都：四川大學，2002）pp. 99-102。

義」之興起等歷史背景切入,並以描述戰時與戰後日本人民所受的苦難為訴求,同時對於戰後日本提供中國以及世界各國之經濟援助著墨頗多[124]。

(三)《日本－姿與心－》[125]

新日本製鐵公司能力開發室部長小川一海,在前言中表示:「這本書原本是為了新日本製鐵公司的從業人員需要,執筆編寫而成的」。當時(1982年)正值美日經濟消長互見,日本國威日盛,逐步邁向「日本第一」[126]之際。而這本書就是日本商人公事包裡的「教戰手冊」。

當時日本以「世界商人」之姿游走世界各地,一方面滿足世人對於日本的好奇,另一方面則必須與任何國家保持和諧的關係,這也是應證了緒論當中所闡明,結構主義(structuralism)宣稱「認同」是決定「國家形象」的說法[127]。理所當然,解說日本在事業經營、生產管理、研發技術等強項背後的秘訣,同時論述日本與各民族的歷史淵源,以至今日國際社會中,日本所扮演的角色與各國之互補關係,也就成為這本「日本文化教科書」的經緯線。

---

[124] 佐島群巳、岩戶榮、須田坦男主編《日本文化・社會・風土》(成都:四川大學,2002) pp. 121-145。

[125] 本書的原著為《日本―その姿と心―》(*Nippon -- The Land and It's People*)(日鉄ヒューマンデベロップメント)。

[126] 此語出自佛格爾(Ezra F. Vogel)的著作:*"Japan As Number One: Lessons for America"* 一書之中譯名稱。

[127] 詳參匡文波、任天浩「國家形象分析的理論模型研究——基於文化、利益、媒體三重透鏡偏曲下的影像投射」《國際新聞界》2013年第35卷第2期 pp. 92-101。

《日本－姿與心－》之中：「企業經營」、「社會」、「科學技術」、「關於日本人」[128]等章節，是基於解說日本在事業經營、生產管理、研發技術等強項背後的秘訣而編撰的內容。而「外國與日本歷史及文化上的關係」、「文字、語言、文學」、「傳統藝術、手工藝」等，則是基於論述日本與各民族的歷史淵源，以至今日國際社會中，日本所扮演的角色與各國之互補關係的考量安排之章節。

（四）《日本剖析》

《日本剖析》一書原作──《日本タテヨコ》（*JAPAN AS IT IS*），中譯本問世之前先推出英譯本《日本タテヨコ── *JAPAN AS IT IS*》，1998年時，致良以1997年推出的英譯本改訂第三版為底本，編譯為中文版《日本剖析》初版。2006年，致良再根據2002年英譯本改訂第四版，更新其中數據，酌增與台灣之比較的內容修訂而成，發行《日本剖析》二版。

台灣現行的「日本文化教科書」之中，致良出版社編輯的《日本剖析》是針對中高階的日語學習者所設計的教材。本書將日本文化分為5大項、149小項，分門別類詳細說明各個文化項目之形式內涵、歷史變遷，在台灣大專校院日本語文科系是使用率相當高的日本文化教材。

誠如此書中譯版前言所述：「若說本書是一本袖珍的日

---

[128] 新日本製鐵株式會社能力開發室編著《日本－姿與心－》（台北：漢思，2003）pp. 187-226、226-244、350-370。

本百科全書並不為過,凡有關日本的種種,在本書中都可查得到」。而詳細考察其內容,則始終維持「日本百科全書」之特性,即使對於「日本的歷史」、「日本人的起源」、「日本文化的起源」、「日本文化的特性」等主題,亦皆持平論述,言之成理。

以下將《日本剖析》一書為文本,透過「日本文化教科書」之五大檢視尺規,逐項分析,據以分析本書之「自他論述」立場。

二、日本文化教科書之檢驗尺規

「文化教科書」編撰的目的,在於將「目標文化」(target culture)傳授給異文化背景的「他者」。正因如此,「文化教科書」之中無可避免地充斥著「存異」及「求同」兩種行為[129]。另一方面,「文化教科書」的使用者,也就是學習者透過閱讀的行為,能夠對「目標文化」描繪出一個明晰的「形象」。「形象」本身正是以「文學或非文學」的表述方式,表達出「存在於兩種不同文化現實間的差距」[130]。而這種對「他者」的表述,最大的特徵就是對「他者」的否定[131]。要言之,「文

---

[129] 吳德錫在尚一皮耶・瓦尼耶(Jear-Pieree Warnier)的《文化全球化》中譯本序文中論及「文化如何全球化」時,說到:「文化是個別的,甚至是排他的;也唯有在建立與他者的相異性之際,才能確定自身的存在⋯⋯人類的『存異』與『求同』幾乎無時無刻不在進行著」。詳參吳德錫譯《文化全球化》(台北:麥田,2003)(Jear-Pieree Warnier. "*La mondialisation de la culture.*" Paris: Découverte, 1999)。

[130] 詳參達尼埃爾—亨利・巴柔〈從文化形象到集體想像物〉孟華譯《比較文學形象學》(北京:北大,2001)p. 121。

[131] 巴柔認為主體在言說他者的同時,傾向於否定他者,從而言說自我。參閱

化」與「形象」的共通之處在於「比較異同」的行為,這也正是本書所欲強調的「自他論述」的要義。

借用文化人類學家泰勒(Edward Burnett Tylor)[132]的說法:文化(或文明)的本質與內涵就是「知識、信仰、藝術、法律、習俗等,包含身為社會的一分子所獲得之能力與習慣的整體」[133]。如此一來,「文化教科書」就必須包羅萬象。社會學理論必能為「文化教科書」的內容提供檢驗尺度,同時對於「文化教科書」之編撰指示可行之策略。

在此,筆者將以由社會學及文化人類學之理論歸納出的原則作為基礎,分項說明其內涵,而後據此五大檢驗尺度進行文本分析[134]。

(一)應以學習者母國的事物為比較點

各國的學習者在認識異國文化之際,腦海中必定會有一個作為度量依據的基準,這個基準往往是學習者最為熟稔的母國事物。以台灣人為教學對象的日本文化教育,學習者必然以其最為熟知的台灣事物作為對照,進而逐步認識日本文化。

尼埃爾—亨利 • 巴柔〈形象〉孟華譯《比較文學形象學》(北京:北大,2001)p. 157。

[132] Edward Burnett Tylor 英國文化人類學家(1832-1917),文化進化論的代表人物,著有《原始文化》及《人類學》。

[133] Edward Burnett Tylor. *"Primitive Culture: Researches into the Development of Mythology, Philosophy, Religion, Art, and Custom"* Vol. 1 , Gardon Pr p. 1.

[134] 本節提出的五項檢驗尺規及其內涵詳參魏世萍「日本文化教科書研究理論」pp. 61-77、「日本文化教科書と比較文化研究理論『日本と日本人』を例に」」pp. 79-107《日本文化教科書研究論文集》(新北市:華藝數位,2011)。

然而台灣由於政治因素特殊，台灣的學習者除了發源於台灣本地的事物之外，對於中華傳統文化的認知程度之高，堪稱一大特色。因此，以台灣的學習者為預設對象的「日本文化教科書」，以台灣為對照基準之外，更需留意因應不同的主題，適時補充中國的相關情報。如此一來，對台灣的學習者而言，會因為提供了有兩個有效的對照基準，得以更快掌握編撰者欲傳達的資訊。

（二）不應以學習者母國以外其他國家的事物為比較點

　　承接前項，以母國之事物為比較點，對於學習者而言是最有效的方式。在此前提之下，以其他各國的事物為基準檢視，非但無助於學習者對「目標文化」的理解，反而可以因為提供了不適當的資訊，使學習者產生混淆，造成反效果。

　　以台灣的學習者為例，「日本文化教科書」的編輯者，舉台灣或中國之外其他國家的事物來介紹日本的事物時，就極有可能因為學習者對他國的認知程度不足，無法理解該主題的內涵。具體而言，「日本文化教科書」當中，透過某一領域有特殊表現的國家來介紹日本的情況，對台灣的學習者而言，形同以「未知數」介紹「未知數」，結果當然是停留在「未知」的狀態。

　　再者，我們還可以在「日本文化教科書」當中發現另外一種情況，就是編撰者常用「歐美各國」、「歐洲」或是「先進國家」等詞彙，強調日本在同領域的發展達到相同水準或甚至超越先進國家的表現。我們必須認知即使是「歐洲」一詞，也包含了數十個國家，各個國家在各種領域的發展均不相同，未必都可一言以蔽之。舉出這種定義曖昧、範圍模糊的詞彙，來

介紹日本事物的方式,恐怕不但無法達到教科書編者欲強調日本亮眼發展的目的,只是徒增學習者的挫折感。

(三)應以世界整體排名為比較點

比較世界各國數值後所得出的排序結果作為衡量的尺規,標記日本在該項之水準落在何處,具體瞭解日本在該主題之表現或實際狀況,不失為客觀理解日本的方式之一。構成「目標文化」的種種面向,加以數字化後,都能令人一目了然,更具說服力。

然而,文化所包含的領域廣泛,並非所有項目都適合以數字化的方式介紹。自然環境、人口組成、社會現象、企業發展、產業結構等,都能透過數字的呈現,更容易理解。另一方面,歷史淵源、民族特質、宗教信仰、文化習俗、文學藝術等範疇,著重於其本質及內涵的介紹,則不適用數字的方式呈現。

(四)應說明目標文化與其他國家文化影響及傳承的關係

經濟學家馬丁・沃夫(Martin Wolf)舉出源自印度的佛教以及中東的伊斯蘭教為例,以宗教的傳播模式,說明文化全球化的歷史久遠和影響深遠。而這種文化上的傳播肇始於人類的本質:「人類會模仿其他人在信念及生活上的概念,或是被其他人的這類概念所吸收,有時候,這種情況是被迫的」[135]。

---

[135] 馬丁・沃夫《新世界藍圖:全球化為什麼有效》李璞良譯(台北:早安財經文化,2006)pp. 174-175(Martin Wolf. *"Why Globalization Works."* New Haven: Yale University Press, 2004)。

日本學者竹村信夫在〈日本文學中的他者系譜——作為擬態《他者》的文化位相〉之中，使用了文化「擬態」一詞[136]。根據竹村氏的解釋，「擬態」是兩種異文化之間交流、交融、進而發展出其獨特性的一種行為模式，通常是由文化價值較低者主動對較高者採取之行為。原因在於文化價值較高的一方，對文化價值較低的一方具有與眾不同的意義，以文化價值較低的一方的立場出發，文化價值凌駕於「自我」之上的「他者」，不僅是「自我」以外的「他者」，更是一個魅惑著「自我」的對象，「自我」所嚮往的理想[137]。因此可以說「他者」正如同一面鏡子，一面映照出「自我」形象的鏡子。

　　但是在擬態的模式之中，日本卻是一個特殊的案例。竹村借鑒了佐々木高明提出的「柔性構造」概念[138]，強調由於日本文化中，最初對「自我」的定義並不顯著，未能清楚界定自我，形成模糊難辨的自我認識，但是此一特質卻意外造就了日本民族善於學習、模仿的優勢。根據竹村的說法，「擬態」最初是由「模仿」著手，也就是一種文化同化的步驟。文化性質驅同之後，進而模糊彼此之間的差異，使得區分兩者的界線曖昧難

---

[136] 出於竹村信夫「日本文学における他者の系譜——擬態される〈他者〉の文化の位相」，收錄於鶴田欣也編《日本文学における他者》（東京：新曜社，1994）pp. 68-96。

[137] 在此要特別解釋「擬態」不僅存在於文化價值高的一方對低的一方，也可能存在於其他型態，只要是兩個相異的文化團體之間，都可能有「擬態」的行為。竹村提出的「擬態」一詞的概念，與鮑威爾的「涵化」不謀而合。

[138] 佐々木高明在「畑作文化と稲作文化」一文中，論證日本原為旱田文化的民族，東南亞傳入稻作方式後，日本民族學習並融入原來的生活方式，轉型為旱田與水稻耕作並行的農耕模式。佐々木氏以農業面向上吸收同化的特質，運用於文化領域，推論日本善於接納外來文化的特質便是由此而來，將之定名為日本文化的「柔性構造」p. 261。收錄於朝尾直弘等編『岩波講座日本通史』第一卷（東京：岩波，1993）pp. 225-263。

明、不再清晰。竹村認為「自我」及「他者」非但不會互相排斥，最終更能發展成為一種相互滲透的關係。

　　文化的傳播造成不同文化之間相互影響的現象，文化教科書的編者有義務完整說明這種文化現象的影響及傳承的體系。唯有深入瞭解文化影響與傳承的關係，才能對受到文化觸發的種種現象加以釐清。

（五）舉出不同文化之間的相同點加以說明

　　兩種異文化相互比較後，可歸納出兩者之間的相同及相異之處。透過與本國文化的相異點來認識外國，是文化教科書經常使用的編輯手法。無庸置疑的，兩個不同的國家孕育出的文化，差異必然存在。反之，兩者之間卻未必能找得到的共同點。異文化的比較對照，共同點的數量遠少於相異之處，正因如此，反而能夠讓學習者記憶深刻。

　　文化教科書當中運用這種凸顯兩國文化之相同點，引導學習者認識異國文化的編輯方式得當，的確有助提升學習效果。

　　文化教科書的品質優劣，可以透過以上歸納出的五項尺規加以檢驗。在下一章當中，將以日本文化教科書——《日本剖析》為文本，逐項檢驗其中的內容是否符合。此外，進一步由分析結果，深入研究教科書編輯者之「自他論述」的立場。

第五章
文本事例分析——《日本剖析》

　　《日本剖析》一書原作——《日本タテヨコ》(*JAPAN AS IT IS*)，中譯本發行之前，先推出英譯本《日本タテヨコ—— *JAPAN AS IT IS*》。1998年時，致良以1997年推出的英譯本改訂第三版為底本，編譯為中文版《日本剖析》初版。2006年，致良再根據2002年英譯本改訂第四版，更新其中數據，酌增與台灣之比較內容修訂而成，發行《日本剖析》二版。本書以致良2006年出版之《日本剖析》二版為文本進行分析。中譯版前言中亦提及本書日中對譯本的差異，除了版面採左、右頁對譯的形式外，為了因應學習者使用需求，日文漢字上加注假名、難解語彙標示畫線式重音符號及中文解釋，並於各單元後彙整問題以供練習。

　　原著編者——「学習研究社・辭典編輯部」，在前言中指出，本書的主要內容有二：「1.日本人熟悉，而外國人卻難以理解之日常事物；2.日本人特有之看法與想法其根源所在」。中譯本二版前言當中，開宗明義說明本書是以「需要進一步瞭解日本的外國人，以及有心把日本文化推介給外國人士的日本人」為預設對象編撰而成。正凸顯出本書欲將「目標文化」傳授給異文化背景的「他者」之編撰意識，以及隱含著「存異」及「求同」

兩種行為的心態[139]。全冊亦以此為本,分「日本與日本人」、「日本人的生活」、「日本的社會」、「日本的文化」、「超自然動植物的形象」等5大項、149小項詳細列舉介紹,展現出編者希望打造出一本「袖珍的日本百科全書」之編輯目的[140]。

一、應以學習者母國的事物為比較點

《日本剖析》一書的原著——《日本タテヨコ》(*JAPAN AS IT IS*),原先是為了將日本介紹給外國,以左右兩頁日英對譯的方式編輯而成,據此又改譯為中文出版,提供給使用華語的讀者,協助其更瞭解日本這個國家。以下依據書中出現之先後順序,詳列以台灣為基準的內容如下。

(1) 日本の自然環境:面積は約38万km²。台湾の約10倍、アメリカのカリフォルニア州とほぼ同じである(P. 2)。

(2) 日本人の死生観:日本は自殺が多いと言われるが、人口10万人当たりの自殺率は24.1人(2002

---

[139] 吳德錫在尚一皮耶・瓦尼耶的《文化全球化》中譯本序文中論及「文化如何全球化」時,說到:「文化是個別的,甚至是排他的;也唯有在建立與他者的相異性之際,才能確定自身的存在……人類的『存異』與『求同』幾乎無時無刻不在進行著」。詳參吳德錫譯《文化全球化》(台北:麥田,2003)p. 10(Jear-Pieree Warnier. *"La mondialisation de la culture."* Paris: Découverte, 1999)

[140] 誠如本書中譯版前言所述:「若說本書是一本袖珍的日本百科全書並不為過,凡有關日本的種種,在本書中都可查得到」。詳參致良日語工作室編譯《日本剖析》(台北:致良,2006),前言 p. II。原著《日本タテヨコ》(*JAPAN AS IT IS*)(東京:学習研究社,2002)。

年）世界第10位で、世界第1位のリトアニアの44.7人、世界第2位のロシアの38.7人などに比べると低い（台湾は15.2人、2002年世界第23位ポーランドに相当）（P. 44）。

(3) 世界で最も早い高齢化：総人口のうち65歳以上の高齢者が占める割合は西ヨーロッパ10か国の平均で1960年の11.4％から1995年には14.9％に上昇した。アメリカでは同じ期間に9.2％から12.3％への上昇が見られた。日本では60年に5.7％で、西ヨーロッパのちょうど半分の水準にあったが、95年には14.5％となり追いついた。日本の高齢化はＥＵの2倍のスピード、アメリカに比べると3倍のスピードで進行した。2000年には17.2％に至った。旧厚生省の予測によると、日本のこの比率は2020年には26.9％に高まり、国連の予測によるアメリカの16.1％、西ヨーロッパの20.2％を大きく上回ることになる。……人口が一定の水準を保つためには、一人の女性が生涯に平均して2.09人の子供を生む必要があるが、89年にはこの指標が1.57人にまで低下し、「1.57ショック」と言われた。その背景には、都市部の女性の高学歴化・晩婚化の傾向や、仕事と子育てが両立しにくい社会環境などが挙げられる。93年

には 1.46 まで低下し、03 年は、1.29（台湾は 2001 年で 1.4 人）に落ち込んだ（P. 320）[141]。

　　以第一項的「自然環境」為例，「日本的面積約 38 萬平方公里，約為台灣的 10 倍，與美國加州大致相等。人口 1 億2,770 萬人，約為美國的一半」（P. 3）。就面積與人口之說明，不約而同均以美國為比較點。而在「生死觀」一節，則舉全世界自殺率排名前兩名的立陶宛及俄羅斯為對照，說明日本自殺率的數值及排名，文末再以括弧的方式增補台灣的資訊。由以上兩項事例不難推測有關台灣的數據應為日中對譯出版之際，致良的編者為了台灣的學習者所增補而成。

　　這個推斷可由第三項的內容獲得應證，「世界上最早的高齡化國家」一項當中，除了實際舉出台灣的生育率數值作為參考之外，「65 歲以上的高齡人口在總人口中所占的比例」以及「高齡化速度」兩項，皆引「西歐」與「美國」的數值為對照（P. 321）。

　　以台灣為比較點的項目僅「自然環境」、「生死觀」、「世界上最早的高齡化國家」三項，全書超過五百頁的篇幅，所占的比例未免過低。致良出版社在編輯前言中提及「在編輯時略作變更」，強調並未作大幅的修正。然而本書是以日英對譯版為編輯底本，原先是以「需要進一步瞭解日本的外國人」，以及「有心把日本文化推介給外國人士的日本人」為預設的學習

---

[141] 引文及中文譯文出自致良日語工作室編譯《日本剖析》（台北：致良，2006），頁數標注於引文之後，因應論述所需於特定詞彙加註底線，以下引文均同。

對象。為了在台出版，考量台灣學習者之理解需求，中譯的過程中加入台灣的資訊作為對照，展現台灣編輯團隊顧及台灣學習者的意圖。然而這樣的顧慮卻僅侷限於少數項目，實為可惜。

在為台灣編輯團隊惋惜的同時，卻也發現到全書當中並無台灣相關資訊的事實。排除中譯過程「自」與「他」立場轉移的問題，原著編者——「学習研究社・辭典編輯部」在編撰本書之際，預設的學習對象：「需要進一步瞭解日本的外國人」，以及「有心把日本文化推介給外國人士的日本人」，台灣是不在考量的對象之內，這一點從此項尺規的分析便能得知。

二、不應以學習者母國以外其他國家的事物為比較點

本書是以「需要進一步瞭解日本的外國人」、以及「有心把日本文化推介給外國人士的日本人」為預設讀者。鑑於以「英語」為國際共通語言的共識，因此本書最早是以日英對譯的形式編輯而成。考量到本教科書的編撰背景，可知預設的學習者並非台灣人。除了台灣之外，以其他國家為對照基準的均屬此項。首先，先以美國為例，依照事例在書中出現之先後順序，詳列如後。

(1) 日本の自然環境：人口はアメリカの約半分、1億2,770万人（2004年12月1日現在）。うち70％が関東南部から北九州に至る地域に住む（P. 2）。

(2) 住宅：日本の住宅は、かつて「ウサギ小屋」と評されたように、欧米に比べて一般に狭い。建設省の資料によると、日本の新築住宅の1戸当たり床面積は97.5m^2（99年）で、アメリカの162.0m^2（89年）には及ばないものの、フランスの105.5m^2（88年）やドイツの94.8m^2（91年）をやや下回っている（P. 120）。

(3) 結婚・離婚：厚生労働省（旧厚生省）の『人口動態統計』によると、2005年に結ばれたカップルは71万4,261組で、前年より約6,156組減り、人口1,000人当たりの婚姻率も57と減っている。……一方、離婚は26万1,929組で、離婚率は2.08に達し、前年の2.15を下回った。この数字は、アメリカ（4.0）やスウェーデン（2.36）などの離婚先進国に比べれば低いものの、日本でも離婚が珍しくなくなったことを表している。これまでは夫婦になれば「ともに白髪の生えるまで」添い遂げるというのが、日本人の結婚観だったが、うまくいかなければ別れたほうがよいという欧米型の結婚観に、急速にかわりつつあると言える（P. 136）。

(4) 贈答：日本では、取材の際に若干の金品を贈ることは珍しくないが、アメリカでは、政府の高官、補佐官などは、いかなるプレゼントも黙って受け取ることは禁じられている。アレン事件

は、そうした贈り物に対する日米の習慣の違いを象徴するものと言えるだろう（P. 156）。

(5) 新聞：日本は世界一の新聞大国と言える。全国紙、地方紙122社が、毎日（朝・夕刊合わせて）推定約7,200万部以上の新聞を発行している。ユネスコの統計によると、この部数は崩壊前の旧ソ連の約1億4,000万部を除けば、アメリカの5,700万部、中国の2,800万部、イギリスの1,900万部、フランスの1,300万部を上回る数字である（94-96年）。普及率で見ても、日本は人口1,000人当たり約580部で、ノルウェーの約610部についで高い。これはドイツの394部、イギリスの332部、アメリカの212部という普及率をしのぎ、新聞の大好きな国民であることを示している（P. 158-160）。

(6) 新聞：最大発行部数の新聞社は、1874年設立の読売新聞で、朝刊・夕刊合わせて毎日1,455万部を発行している。これは1社としては世界最大の発行部数で、……中国の《人民日報》（300万部）をしのぎ、自由主義国の民営商業紙としては驚異的な数字である。アメリカ最大の発行部数は、《ウォール・ストリート・ジャーナル》の178万部、《ニューヨーク・タイムズ》の108万部。また、イギリスでは《ザ・サン》410万部、というところだが、日本には《読売

新聞》以外にも《朝日新聞》1,259万部、《毎日新聞》583万部、《産経新聞》《日本経済新聞》などの全国紙があり、これら五大紙が圧倒的に強いのが特徴である（P. 160）。

(7) 出版：出版統計の取り方は国によって異なるので、正確な比較は難しいが、日本が世界でも有数の出版王国であることはまちがいない。97年1年間に、日本では約6万2,300点の新刊書籍が発行された。主な国の新刊書籍出版点数は中国7万点、イギリス10万1,800点、ドイツ7万4,200点、アメリカ6万2,000点、フランス3万4,800点などとなっている（95-96年）。これらの国の言語がいずれもグローバルな言語であるのに対して、日本語はそうでないことを考え合わせると、日本の出版点数は非常に多い（P. 164-166）。

(8) 道路網：1927年に走り始めた首都東京の地下鉄は、公私営13路線が縦横に走り、1日729万人を運ぶ主要交通機関となっている。その営業キロ数は総延長で、249km あり、ニューヨーク、ロンドン、パリ、モスクワに次いで世界第5位（P. 172）。

(9) 日本の治安：日本の治安のよさは、犯罪に関す

る各国のデータにも明確に現れている。96年の統計では、人口10万人当たりの犯罪の発生率が最も多いのはイギリスの9,745件で、次いでドイツ7,869件、フランス6,072件、アメリカ4,616件と続き、日本は1,608件と先進国の中では最も少ない。また人口10万人当たりの殺人発生率で見ても、アメリカ6.3人、フランス3.7人、ドイツ3.5人、イギリス2.7人に対し、日本は1.2人で最小である。一方検挙率を見ると、アメリカ21.3％、フランス28.7％、ドイツ52.3％、イギリス29.3％に対して、日本は38.2％で2番目に高い（P.172-174）。

(10) 裁判：日本の司法は戦前まで「ドイツ法」の影響が強かったが、戦後は「英米法」の制度が導入された。しかし、陪審制度の採用は見送られた（P.276）。

(11) 経済協力：日本は1991年から10年連続して世界第1位のODA供与国となった。03年の二国間のODAの総額約89億ドルのうち、アジア向けは約63％を占めた。……日本のODAは、金額ではかつて世界一だったが、01年には米国に次いで第二位で、対GNP比率が低い（P.288-290）。

(12) 貿易構造と貿易摩擦：輸入先でもアジア諸国が躍進しており、99年のシェアは39.6％で、アメリカの21.6％を大きく上回った。アジア諸国の中では最大の輸入先で、輸入総額の13.8％を占める（P. 301-302）。

(13) 企業の海外展開と空洞化：企業が海外で生産する比率は、製造業で95年度には10％になったと見られ、アメリカ企業の25％、ドイツ企業の21％に比べればなお低いものの、着実に上昇している（P. 304）。

(14) 日本の流通と物価：95年の経済企画庁の調査による東京の物価水準は、ニューヨークの1.59倍、ロンドンの1.52倍、パリの1.34倍、ベルリンの1.35倍、ジュネーブの1.02倍とされている。バブル崩壊以降、低成長が続いた日本は、物価が比較的安定した動きとなった。内閣府は2001年3月、「緩やかなデフレーション（持続的な物価下落）にある」と、戦後初めてデフレにあることを認定した（P. 312-314）。

(15) 世界で最も早い高齢化：総人口のうち65歳以上の高齢者が占める割合は……2000年には17.2％に至った。旧厚生省の予測によると、

> 日本のこの比率は 2020 年には 26.9％に高ま
> り、国連の予測によるアメリカの 16.1％、西
> ヨーロッパの 20.2％を大きく上回ることにな
> る（P. 320）。

　　以上所列的 15 項是以美國或美國的城市為對照基準，進而說明日本現狀的事例。相較於第一項「應以學習者母國的事物為比較點」的例證，此 15 項則應該是維持日英對譯時的狀態，日中對譯時未加更動。就教科書內所提及用以對照的所有國家當中，美國是引用數量最多的國家。以「文化全球化」的觀點來看，不言而喻的，美國是最具代表性的國家。人種、語言、宗教、建築等，都融合了各種文化背景。

　　在此，筆者欲強調的是美國被視為是「全球化」進程中最成功、最具指標性的國家的這個概念。雖然有部分人士質疑「文化全球化」的後果是將美國的價值標準強加於全世界，使不同的文化整合為帶有某種趨向（homogenization）、「同質化」或是「一致性」的「單一」文化。這種悲觀的想法只是杞人憂天，誤解「全球化」所代表的意義[142]。湯林森在著作中早已為上述問題找到了解答：文化與文化之間有一種拉力，使得其不致整

---

[142] 佛萊曼將這種放諸四海皆準的「全球化」價值觀，解讀為「同質化取向」，他認為全球化有自己的核心文化，說穿了就是「美國化」，具體體現於「麥香堡」、「麥金塔電腦」、「米老鼠」等出自美國的經濟商品。詳參佛萊曼《了解全球化：凌志汽車與橄欖樹》蔡繼光等譯（台北：聯經，2000）p. 24（Thomas L. Friedman. *"The Lexus and the Olive Tree: Understanding Globalization."* London: HarperCollins Publishers, 1999）。

合,「全球化」的結果是──未來文化將呈現「異質且多樣性共存」的形式[143]。

美國的事例被頻繁的運用在日本文化教科書當中,這一點也同時體現了美國在全球化進程中所代表的重要意義,更說明了教科書編者也認同此一意義,並展現積極參與「全球化」的態度。

除了美國之外,本書亦舉法國、英國、中國、德國、蘇聯等國為例,介紹日本的事物。其中例證數量最多要屬以上列舉的美國,以及中國及其他。被歸為「其他」範疇內的,包括有「外國」、「歐美」、「先進國家」、「亞洲」、「亞洲各國」、「西歐」、「基督教文化圈」、「離婚先進國」、「歐洲各國」、「西洋」、「海外」等說法。以「歐美」一詞為例,就有以下諸多事例使用這個詞彙。

(1) 集団主義:日本人と欧米人とのいちばん顕著な違いを、日本人の集団重視に見ている。日本人といえどもこの見方は異論はないだろう(P. 46-48)。

(2) 日本人の言語行動:日本人は会話中にあいづちやうなずきを頻繁にする習慣があると言われる。……こうした日本人と接して欧米人が「彼

---

[143] 王寧《全球化與文化研究》(台北:揚智,2003)pp. 196-197;湯林森《文化全球化》鄭棨元、陳慧慈譯(台北:韋伯,2003)pp. 10-12(John Tomlinson. "*Globalization and Culture.*" Chicago: University of Chicago Press, 1999)。

は確かにあのとき肯定した」と受け取ったとすれば、当の日本人にとっては予想外のことである。逆に、こうしたあいづちやうなずきに慣れた日本人は、会話中に相手の話に何の反応も示してこない欧米人に不安感——この人は私の話を聞いてくれるのか？——を感じることになる（P. 56）。

(3) 間人主義：欧米で社会の基本は個人主義であるが、日本では"間人主義"であると言う人もいる（P. 82）。

(4) 家庭：欧米先進国の例に漏れず、日本でも核家族化は時代の趨勢である（P. 114）。

(5) 家庭：戦後の主婦の地位を最も象徴的に物語っているのは、主婦が一家のさいふを握ったということだろう。欧米では一家の家計を預かるのは夫で、妻は必要な生活費だけを夫からもらうというのが一般的なようだが、戦後は妻が一家の大蔵大臣として夫の給料を管理し、生活のやりくりから貯蓄、財産運用マイホーム建設資金づくりまでさい配するという家庭が増えている（P. 116）。

(6) 家計：総務庁の貯蓄動向調査によると、2000年末の1世帯平均貯蓄現在高は1,356万円で、前年

より 2.6％減、勤労者の貯蓄額は 1,250 万円で、2.3％減であったが、欧米先進諸国と比べるときわだって高いほうである（P. 118）。

(7) 住宅：問題は住宅 1 戸当たりの面積で、日本の住宅は、かつて「ウサギ小屋」と評されたように、欧米に比べて一般に狭い。建設省の資料によると、日本の新築住宅の 1 戸当たり床面積は 97.5m^2（99 年）で、アメリカの 162.0m^2（89 年）には及ばないものの、フランスの 105.5m^2（88 年）やドイツの 94.8m^2（91 年）をやや下回っている（P. 120）。

(8) 耐久消費財と日本的家具：全般に、同じ品物でもより機能性の高いものや普及途上にある高級品などで普及率の伸びが高くなっているのが特徴で、現在欧米でも人気を呼んでいるビデオは、81 年に 5.1％だった普及率が 89 年には 63.7％、95 年には 76.8％と急速に広まりを見せている。日本人は、欧米並みかそれ以上の近代的な暮らし方をしていると言えよう（P. 122）。

(9) 耐久消費財と日本的家具：畳は、日本住宅の床上に敷くもので、欧米で言えばじゅうたんのようなものに当たる。……欧米のベットに当たる日本の寝具が布団で、畳んで押し入れなど

に入れておき、寝るときに畳の上に敷いて使う。……日本人の風呂好きは有名だが、欧米のシャワーと違って、日本では大きな湯船にたっぷり湯を張って、ゆっくりとつかる。……こうした日本家具に対する関心は欧米でも高まっているようで、日本旅館が外国人観光客に人気を呼んでいる（P. 124）。

(10) 日本料理と食材：確かに、欧米型の食事と日本料理とを比べてみた場合、欧米型の食事は肉類、乳製品などを中心とした高カロリー、高脂質であるのに対して、日本料理はてんぷらを別にすれば、油を使った料理が少なく、低カロリー、低脂質であり、かつ栄養のバランスもよい（P. 130）。

(11) 道路網：欧米では1920年代から自動車が普及し、道路も整備されていったが、日本で自動車が普及したのは戦後になってからである。しかし、その後の急成長ぶりは目覚しい（P. 168）。

(12) 社会保障：日本の社会保障費給付額が国民所得に占める割合は欧米先進国に比べまだ低いが、急速な高齢化に伴い、社会保障費が増大、財政悪化の一因となっている（P. 178）。

(13) 学校生活：日本は高学歴社会で進学率が高いため、受験競争が厳しい。……多くの子供たちは小学校の頃から受験勉強を意識した勉強中心の生活を余儀なくされる。……2か月を越す長い夏休みがあり、ほかにもイースター、クリスマスと何かにつけて休暇が多く、宿題も少ない欧米とはたいへんな違いである（P. 184）。

(14) 学校生活：いじめは日本にかぎらず、欧米諸国にも見られる現象だが、日本では一般にいじめの要因として①一人ひとりの個性を伸ばす教育や教師のいじめへの認識が不十分②家庭・地域の教育力の低下③異質なものを排除する同質指向の社会意識が強い —— などが挙げられている（P. 186）。

(15) 公営ギャンブル・パチンコ：日本では古代から、神社の祭事あるいは宮廷の儀式としての競馬というものはあった。……欧米の競馬がイギリスの貴族・王室を中心に発達し、上流階級色の強いものであるのに対し、日本の競馬は庶民のギャンブルとなっている点が特徴である（P. 218-220）。

(16) 官僚：日本の官僚制度は非常に古い。千数百年前、大和朝廷（政権）が中国から導入した

律令制が、時代とともに整備され、それに伴って官僚も育っていった。……明治になって日本は、欧米の思想・技術を積極的に入れ、急速に近代化したが、その原動力となったのが武士出身の行政官たちだった（P.270）。

(17) ビジネスマンの一生：欧米では、仕事を通じて付き合いが始まったとしても、ビジネスという個人的付き合いは区別するが、日本の商談ではそういった区別はあいまいで、たとえ、仕事の話が全くされない酒席や遊びの場でも、それは商談の一つのプロセスと考えられている場合が多い。……欧米の契約第一主義は、日本の商売では第二段階的な問題と考えれられている。日本の商売で第一に重要な点は、交渉相手が人間的に信用できるかどうかに懸かっている。……商売である以上、契約の履行は当然であるが、日本的商売においては最初から詳細な取引規定をせずに、大枠で合意することを好む。……いったん取引が始まると、その関係は長期的に継続される場合が多い。こうしたことが、外国の会社にとって新規参入を難しくする要因にもなっているようである（P.344）。

(18) 庭園：欧米の庭園が、樹木や石材を幾何学的に整然と配置するのに対し、日本の伝統的庭

園は、自然の一部を再現する風景式庭園である（P. 366）。

(19) 犬・猫：猫のイメージは悪く、「猫を殺せば七代たたる」とか「化け猫」などと言う。日本には魔女の手先という迷信はない。……仲が悪いのは、欧米では猫と犬だが、日本では猿と犬で、「犬猿の仲」と言う（P. 486-488）。

(20) 馬・牛：馬を精力的と見るのは欧米と同じである。「馬力」と言えば、英語のhorse-Powerのほかに、活力、体力を意味する。……日本でも競馬は人気があるが、欧米のように上流階級から下層階級までが熱狂するというようなことはない（P. 488）。

(21) タヌキ・キツネ：（キツネの）性質は陰性でずる賢いとされる。この点は欧米や中国と同じである（P. 492）。

(22) タイ・コイ：（コイは）欧米では薄汚い魚、大食いで貪欲、ばか者といった、あまりよくないイメージをもたれているが、日本と中国では、勇気・忍耐・努力の象徴であり、男子の意気を表す（P. 494-496）。

(23) 桜：桜は日本の国花である。日本人にとって、桜は花の中の花であり、「花」と言えば桜を考える。欧米人のように、桜からサクランボのなる桜の木を思い浮かべるようなことはない（P. 504）。

　　以不特定國名的「歐美」一詞為比較點，《日本剖析》的編者所提及的 23 個事例彙整如上。第二次世界大戰之後，為了實現太平洋地區經濟一體化，日本人以「西化」為目標，抱持著「非亞洲化」的態度，根深蒂固[144]。這種思維模式同樣也體現於文化層面。從出現次數之頻繁這一點顯而易見。

　　既然是以台灣的學習者為預設對象，以台灣為基準點說明日本，最容易為台灣學習者理解及接受。《日本剖析》一書除了舉出如法國、英國、中國、德國、蘇聯等特定國家之外，以這種不特定國名說明的事例也占了相當大的篇幅。詳細檢視本教科書的內容，以「歐美」為例，本書慣用「外國」、「先進國家」、「西歐」、「亞洲各國」等此類範圍廣泛且曖昧的詞彙，提供作為學習者理解日本的基準。

　　筆者認為，選用這類詞彙的目的不外乎有二：一、舉出特定的「韓國」、「中國」等亞洲國家，或是以不特定的「亞洲」

---

[144] 哈洛德・詹姆斯《經濟全球化：朗布伊耶，1975 年 11 月 15 日》朱章才譯（台北：麥田，2000）p. 247（Harold James. *"Die Globalisierung der Wirtschaft: Rambouillet, 15. November 1975."*）。

或「亞洲各國」等詞彙為比較對象[145]，凸顯日本之於亞洲的重要性及特殊性，以及其發展居於亞洲領導地位的「事實」；二、以「歐美」或「先進國家」為對照，強調日本的發展格局不再侷限於亞洲地區，懷抱著脫亞入歐的夢想，以西方價值為目標，展現日本迎頭趕上先進國家，甚至超越歐美諸國的堅強實力。

綜上所述，《日本剖析》一書的編輯對於「他者」的論述，有因「地」制宜的傾向。由論述的方式讀者不難判斷作為對照點的國家，對於日本而言，究竟是用以展現自身優勢的「他者」，抑或是急起直追的目標。而上述行為的前提都是基於推展日本文化至全球的考量。

然而，日本文化教科書主要以推介日本文化為首要宗旨，如何以最明晰的文字說明以及最有效率的方式，提供學習者所需的資訊才是編輯者應該優先考量的。學習者本國之外這一類範圍廣泛且曖昧的詞彙，不但無法提供學習者對照的作用，清楚理解主題內容，反而容易招致反效果，令學習者混淆。

---

[145] 以亞洲國家為對照點的項目，茲舉「基督教」與「出版」兩項為例。「キリスト教」：元来、多神教的であった神道の影響が根底にあるのだろうか。同じアジアにある隣国・韓国では、仏教と比べてもキリスト教が大きな影響力を有しているのを考えると、これはきわめて興味深い現象である（P. 450）。「出版」：出版統計の取り方は国によって異なるので、正確な比較は難しいが、日本が世界でも有数の出版王国であることはまちがいない。97年1年間に、日本では約6万2,300点の新刊書籍が発行された。主な国の新刊書籍出版点数は中国7万点、イギリス10万1,800点、ドイツ7万4,200点、アメリカ6万2,000点、フランス3万4,800点などとなっている（95-96年）（P. 164-166）。

三、應以世界整體排名為比較點

　　比較世界各國數值後所得出的排序結果作為衡量的標準，得知日本在此項目之排名落在何處，可瞭解日本在該主題之表現或實際狀況，不失為客觀理解日本的方式之一。《日本剖析》一書也大量運用此法，說明日本的現狀。

> (1) 日本人の死生観：日本は自殺が多いと言われるが、人口10万人当たりの自殺率は24.1人（2002年）世界第10位で、世界第1位のリトアニアの44.7人、世界第2位のロシアの38.7人などに比べると低い（台湾は15.2人、2002年世界第23位ポーランドに相当）（P. 44）。

> (2) 暮らし：殺人発生率は人口10万人に対して1.2人と先進国の中では最も低く、世界でも最も安全な国と言える。（P. 108）。

> (3) 新聞：日本は世界一の新聞大国と言える。全国紙、地方紙122社が、毎日（朝・夕刊合わせて）推定約7,200万部以上の新聞を発行している。ユネスコの統計によると、この部数は崩壊前の旧ソ連の約1億4,000万部を除けば、アメリカの5,700万部、中国の2,800万部、イギリスの1,900万部、フランスの1,300万部を上回る数字である（94-96年）。普及率で見ても、日本

は人口1,000人当たり約580部で、ノルウェーの約610部についで高い。これはドイツの394部、イギリスの332部、アメリカの212部という普及率をしのぎ、新聞の大好きな国民であることを示している（P. 158-160）。

(4) 新聞：最大発行部数の新聞社は、1874年設立の読売新聞で、朝刊・夕刊合わせて毎日1,455万部を発行している。これは1社としては世界最大の発行部数で、旧ソ連の『プラウダ』のような巨大新聞が大幅に部数を減らした現在、中国の《人民日報》（300万部）をもしのぎ、自由主義国の民営商業紙としては驚異的な数字である。アメリカ最大の発行部数は、『ウォール・ストリート・ジャーナル』の178万部、『ニューヨーク・タイムズ』の108万部。また、イギリスでは『ザ・サン』410万部、というところだが、日本には《読売新聞》以外にも《朝日新聞》1,259万部、《毎日新聞》583万部、《産経新聞》、《日本経済新聞》などの全国紙があり、これら五大紙が圧倒的に強いのが特徴である（P. 160）。

(5) 出版：出版統計の取り方は国によって異なるので、正確な比較は難しいが、日本が世界でも有数の出版王国であることはまちがいない。97

年1年間に、日本では約6万2,300点の新刊書籍が発行された。主な国の新刊書籍出版点数は中国7万点、イギリス10万1,800点、ドイツ7万4,200点、アメリカ6万2,000点、フランス3万4,800点などとなっている（95-96年）。これらの国の言語がいずれもグローバルな言語であるのに対して、日本語はそうでないことを考え合わせると、日本の出版点数は非常に多い（P. 164-166）。

(6) 道路網：1927年に走り始めた首都東京の地下鉄は、公私営13路線が縦横に走り、1日729万人を運ぶ主要交通機関となっている。その営業キロ数は総延長で、249kmあり、ニューヨーク、ロンドン、パリ、モスクワに次いで世界第5位（P. 172）。

(7) 日本の治安：日本の治安のよさは、犯罪に関する各国のデータにも明確に現れている。96年の統計では、人口10万人当たりの犯罪の発生率が最も多いのはイギリスの9,745件で、次いでドイツ7,869件、フランス6,072件、アメリカ4,616件と続き、日本は1,608件と先進国の中では最も少ない。また人口10万人当たりの殺人発生率で見ても、アメリカ6.3人、フランス3.7人、ドイツ3.5人、イギリス2.7人に対

し、日本は1.2人で最小である。一方検挙率を見ると、アメリカ21.3％、フランス28.7％、ドイツ52.3％、イギリス29.3％に対して、日本は38.2％で2番目に高い（P. 172-174）。

(8) 経済協力：経済協力：日本は1991年から10年連続して世界第1位のODA供与国となった。03年の二国間のODAの総額約89億ドルのうち、アジア向けは約63％を占めた。……日本のODAは、金額ではかつて世界一だったが、01年には米国に次いで第二位で、対GNP比率が低い（P. 288-290）。

(9) 世界で最も早い高齢化：総人口のうち65歳以上の高齢者が占める割合は西ヨーロッパ10か国の平均で1960年の11.4％から1995年には14.9％に上昇した。アメリカでは同じ期間に9.2％から12.3％への上昇が見られた。日本では60年に5.7％で、西ヨーロッパのちょうど半分の水準にあったが、95年には14.5％となり追いついた。日本の高齢化はEUの2倍のスピード、アメリカに比べると3倍のスピードで進行した。2000年には17.2％に至った。旧厚生省の予測によると、日本のこの比率は2020年には26.9％に高まり、国連の予測によるアメリカの16.1％、西ヨーロッパの20.2％を大きく上回

ることになる。日本は今世紀にはずば抜けた高
齢者大国になるということだ（P. 320）。

　　以世界整體排名為基準，衡量日本的現狀，是具有說服力的介紹方式。檢視本教科書內容，可以歸納出編輯團隊介紹日本世界排名的兩種方式。其一、明確舉出日本的排序，提供學習者客觀分析的依據。例如：「日本人的生死觀」當中提到日本人的自殺率高居世界排名第十位（P. 45），「日本的鐵道網」之中的地下鐵營運公里數位居世界第五位（P. 173），或是「經濟協助」項目中指出「日本自1991年以來，連續10年成為世界排名第一的ODA供給國」等事實（P. 289）。此外，在論及日本的「報紙」及「出版」業界，亦皆以相同業界發展興盛的國家的數字為輔助，帶領學習者深入認識該領域的全球發展，同時理解日本的現狀。

　　另一個方式則是以冠有「最」字的詞彙，凸顯日本在該領域的水準或特殊性。在「生活」一項之中，以「凶殺案發生率」為例，舉出實際數值：日本凶殺案發生率「每十萬人中為1.2人次，是先進國家中最低的，可算是世界上最安全的國家」（P. 109），說明日本治安良好的程度；犯罪發生率及檢舉率等相關的數字也在「日本的治安」單元中提及：「根據96年的統計，每10萬名人口中的犯罪發生率，最高的是英國的9,745件，其次是德國的7,869件、法國的6,072件、美國的6,416件，在先進國家之中，日本的1,608件是最少的一個國家。此外，每10萬人口中的殺人案件發生率，比起美國的6.3人、法國的3.7人、德國的3.5人、英國的2.7人，日本的1.2人也是其中最小

的。另一方面,從檢舉率來看,相對於美國的 21.3%、法國的 28.7%、德國的 52.3%、英國的 29.3%,日本的 38.2%為第二高的國家。高檢舉率在日本也成了抑制犯罪的一大主因」(P. 173-175)。提出實際的數值以外,並同時與其他國家相互對照比較,不但能幫助學習者瞭解該主題的現況,更能對日本在世界各國之中的排行發生立即的成效。

但是我們也在以上列舉的少數主題中,發現以較不明確的比較對象介紹日本的內容,如下列二項。

(1) 家計:総務庁の貯蓄動向調査によると、2000年末の1世帯平均貯蓄現在高は1,356万円で、前年より2.6％減、勤労者の貯蓄額は1,250万円で、2.3％減であったが、欧米先進諸国と比べるときわだって高いほうである(P. 118)。

(2) 学校生活:平日の授業時間は、小学生高学年以上はだいたい6時限で、世界の中でも長いほうに属する(P. 184)。

如引文(1),內容說明日本的高儲蓄率「明顯地較歐美各先進國家為高」(P. 119)。在此姑且不論民族性如何,文明程度愈高的已開發國家,人民所受的教育也相對提升,對於財務規劃也有一定的認知,故編者以歐美等先進國家為例,也具體舉出日本以每戶為計算單位與勞工的平均儲蓄實際額、以及其與前年比較的結果,希望提供更翔實的資料供學習者參考。(2)

探討日本「學校生活」的段落當中，針對日本的學生課業壓力沈重的現象，以上課時間為例說明：「平常的上課時間，小學高年級以上大約是 6 小時，在世界各國中是屬於較長的」（P. 185）。

但是，僅以「歐美各先進國家」或是「世界各國」為比較對象，並未明確列舉國家名稱，亦未提供可供參酌的數字，這種曖昧的表現方式，無法帶給學習者客觀的資訊促使其對日本現狀之理解。

以世界為比較點，根據排名介紹日本現況的方法，的確是科學的方法。然而，這種方式只適用在數值或排名極端的情況，亦即極好或極差，才能發揮效果。在教科書當中能看到這麼多以世界排名為基準的事例，那就表示有更多的內容是無法以排名的方式呈現。因此，對文化教科書編輯者而言，如何傳達數字無法呈現的內容，反而才更需要留意的重點。

四、應說明目標文化與其他國家文化影響及傳承的關係

文化的傳播造成不同文化之間相互影響的現象，文化教科書之中更應特別強調此一特質，並說明欲推介之文化所接受的影響來源，以及其所傳播之後對其他文化所造成的影響。以《日本剖析》這一部文化教科書而言，亦即以日本文化為主軸，彙整其受容及影響的文化所形成的一套完整的傳承體系。

中國歷史上，關於日本的記載最早為《漢書・地理志》：「樂浪海中有倭人，分為百餘國，以歲時來獻見雲」（P.

859），由此可知前漢時已有倭人定期前來中國朝貢[146]。另外，像是《三國志》卷三十〈魏書・烏丸鮮卑東夷傳〉當中也可見有關日本的記事：「倭人在帶方東南大海中，依山島為國邑，舊有百餘國，漢時有朝見者，今使役所通三十餘國」（P. 726）。《後漢書・光武帝本紀》記錄後漢光武帝中元二年（AD 57），「東夷倭奴國主遣使奉獻」；〈東夷傳・倭傳〉：「建武中元二年，倭奴國奉貢朝賀，使人自稱大夫，倭國之極南界也，光武賜以印綬」（P. 1007），這正是後來在日本出土的「漢委奴國王」印的由來。《漢書》卷廿八下〈地理志〉下第103條當中提及「然東夷天性柔順，異於三方之外」，加上此時中國的國力強盛，日本定期遣使朝貢，對中國臣服的姿態表露無遺（P. 859）。

如上所引的數則記事，是日本對中國進行具有政治意義之朝貢，現存最早的官方紀錄，由此也不難推測在此之前就已出現非正式的接觸與交流。兩國長久以來的交流，在文化層面上的影響尤其明顯。如上所列之「圍棋」、「象棋」、「麻將」、「律令制度」、「建築形式及工法」、「雅樂」、「繪畫」、「書法」、「漢字」、「陶瓷器」、「漆器」、「禪宗」等，說明的段落之中均明確敘述其來自中國的歷史淵源。另外，內化於思想層面對事物的看法，例如對動植物的印象或用法、對天地鬼神等的宗教觀，也因為受到中國的影響，根深蒂固存在於日本人的思想之中。

---

[146] 漢武帝於朝鮮建樂浪等四郡，倭人早在漢時，就已與樂浪郡相互往來，當時的倭國分裂為百餘個部落，定時前往樂浪郡向中國朝貢。此為日本與中國最早的非官方接觸。

承前所述，日本與中國的交流由來已久，在文化層面上的影響及受容的關係也不是三言兩語可簡單帶過。「日本文化教科書」的內容，提及日本受到中國影響的內容在所難免，筆者認為這些篇幅恰好提供了檢視「文化教科書」編者自他論述的絕佳題材。以下擷取《日本剖析》當中，以中國為比較點的單元內容，藉以分析編者自他論述的策略。

(1) 剣道・弓道・空手道・合気道：空手は武器を一切使わない、徒手空拳の武技である。中国の唐時代に始まった中国拳法が沖縄に伝わり、「手」、「唐手」として発達したと言われている（P. 212）。

(2) 碁・将棋・マージャン：碁も将棋も、遣唐使や入唐僧などによって中国から伝えられたものとされ、特に将棋はインドが発祥と言われている。……マージャンも中国からの伝来（P. 216）。

(3) 官僚：日本の官僚制度は非常に古い。千数百年前、大和朝廷（政権）が中国から導入した律令制が、時代とともに整備され、それに伴って官僚も育っていった。……明治になって日本は、欧米の思想・技術を積極的に入れ、急速に近代化したが、その原動力となったのが武士出身の行政官たちだった（P. 270）。

(4) 建築：寺院建築は中国の影響を強く受けているが、屋根の反りが少なく、軒が深い点、優美な曲線と直線のコントラストなど、日本化したものとなっている（P. 364）。

(5) 邦楽：（雅楽は）宮廷の行事の際に演奏される儀式音楽。古代に中国・朝鮮半島から入った音楽で、日本音楽の最も古い姿を残しているものと言える（P. 372）。

(6) 書道：日本の書道はもともと中国の王羲之が祖と言われ、中国の書が日本に入ったのは奈良時代である。平安時代前期には空海、嵯峨天皇、橘逸勢の3人が特に三筆と言われ、中国風の雄勁な書風を代表した（P. 392）。

(7) 絵画：日本画には単色画と彩色画がある。単色画には、墨の線だけによる「白描」と、墨の濃淡によって物体の量感や空間を表す「水墨画」がある。いずれも中国から伝わった技法であり、白描は平安時代末の「鳥獣戯画」絵巻が代表的なもので、水墨画は室町時代の雪舟によって日本的な水墨画が生み出されたとされている（P. 394-396）。

(8) 陶磁器：日本最初の陶器は、奈良時代に中国の唐三彩を模して作られたと思われる、なら三

彩と呼ぶ白・緑・茶の釉薬を用いたものである。……本格的な陶器が焼かれるのは鎌倉時代で、瀬戸の藤四郎という人が、中国から技術を移入したもので、壺や水差し、香炉、仏具などが作られた（P. 400）。

(9) 漆器：漆器は、日本では約2000年前の縄文時代のものが出土しているが、漆器作りの技法が中国から伝わったものか、日本で独自に発展したものかは意見が分かれている。ただ、技術が飛躍的に進歩したのは、6世紀に入って大陸との交流が活発になり、中国の優秀な技術が輸入されたためである（P. 404）。

(10) 日本の文学 (1) ——古代：日本には仮名文字と「真名」と呼ばれる漢字があり、これらの文字を組み合わせて文章がつづられている。その中の漢字は5世紀ごろ中国大陸より朝鮮半島などを経て日本に伝えられ、今日も活用されている（P. 412）。

(11) 禅：仏教では悟りを得る方法の一つとして古くから座禅を行ってきたが、中国に起こった禅宗では座禅に徹することを要求し、日常生活すべてを座禅の修業の一環であるとしている。……江戸時代初期には、中国から来朝した隠元によって黄檗宗が開かれた。経文や動作、飾りなど

すべて中国風そのままであることを特徴とした。……禅が日本文化に与えた影響は大きい。特に室町時代、中国との交流が盛んで、その先端に立った臨済宗の僧侶が、貴族や上級武士の間に中国文化を紹介した（P. 444-446）。

(12) タヌキ・キツネ：（キツネの）性質は陰性でずる賢いとされる。この点は欧米や中国と同じである（P. 492）。

(13) タイ・コイ：（コイは）欧米では薄汚い魚、大食いで貪欲、ばか者といった、あまりよくないイメージをもたれているが、日本と中国では、勇気・忍耐・努力の象徴であり、男子の意気を表す。コイは滝を上って竜になるという中国の伝説に由来する、「コイの滝登り」という表現は、立身出世を意味する（P. 494-496）。

(14) 松：「松竹梅」はめでたいものとして、正月や慶事に生け花や盆栽として飾る。起源は中国で、中国では寒さに耐えて美しい姿を見せるところから画題とされていたのが、日本へ来てめでたいものとなった。飲食店などで料理の品質、価額を示すとき、上・中・下としないで松・竹・梅とする習慣がある。露骨さを避けるためであろう（P. 500）。

(15) 竹：中国では竹を、梅・ラン・菊とともに四君子と言い、君子のように節操の正しい植物とみなしている。さっぱりした性格を「竹を割ったような」と言うように、竹は淡白さ、純粋さをも表す。竹にちなむ伝説は中国、日本ともに多い。中国の西晋時代に、世俗を避けて竹林にこもり清談に時を費やした7人を言う。昔話では日本の『竹取物語』（9世紀ごろ）が有名（P. 502）。

(16) 梅・桃：梅は奈良時代に中国から渡来した。当時は万事が中国風であったから、中国に倣って梅が好まれ、『万葉集』では萩に次いで118首が詠まれている（桜は第5位で40首）（P. 506）。

(17) 梅・桃：『古事記』に、桃を投げて神の窮地を救ったという神話があるように、悪魔を払う魔よけの木とされる。桃は中国原産で、中国でも、古来、邪気を払う仙果とされ、桃源郷を彩る花であった（P. 508）。

(18) 幽霊：落語の『怪談牡丹灯籠』は、1861-64年に成立した人情話。艶麗な怪談話として有名である。中国の怪奇小説や実話を参考にして、落語家三遊亭円朝が作った（P. 510）。

(19) 妖怪：天狗の思想は中国伝来。平安時代、天狗は流星やトビとみられ、人についたり、未来を予言した（P. 514）。

　　《日本剖析》的第一個單元〈日本的自然環境〉，這樣說明日本文化的特色：「日本建國以來，不但保存了固有文化，同時也不斷吸取外來文化，遂逐漸發展出日本獨特的融合文化」（P. 3）；在「日本的歷史 (1)」也可看到類似的敘述「未與其他民族產生足以改變傳統文化的大規模融合，一直保有其獨特的文化。另一方面，日本老早以前就熱中於引進外國文化，並將其日本化，使其文明達到一流的水準」（P. 9）。

　　要言之，即使全書可以列舉出驚人數量的外國文化受容成果，編者仍是主張：這些外國文化的受容成果是建立在——日本固有的「獨特的融合文化」基礎之上，再加上「貪婪地不斷吸收外國事物的特性」（P. 371）[147]，方能成就今日的日本文化。以上事例在在都說明了編者對於汲取外來文化融入日本文化的特質，不但正面肯定，更將其視為造就日本高度文明的民族特質。

　　正是基於這樣的本質，分析日本文化的淵源，從外國擷取的比例極高，其中以中國為最，除此以外，也能發現不少吸收西方文化精髓的內涵。

---

[147] 例如「日本的歷史 (1)」：「7 世紀に……大化の改新を契機に、……中国の隋、唐を手本にしたが、このころから大陸文化の摂取にさらに積極的になり……」（p. 10）、介紹「音樂」的單元裡，作者也以「外国のものを次々と貪欲なまでに吸収してきた日本人の特性」，來形容日本人的本質（p. 370）。

(1) 官僚：日本の官僚制度は非常に古い。千数百年前、大和朝廷（政権）が中国から導入した律令制が、時代とともに整備され、それに伴って官僚も育っていった。……明治になって日本は、欧米の思想・技術を積極的に入れ、急速に近代化したが、その原動力となったのが武士出身の行政官たちだった。彼らはこれまでの官僚組織を基礎に、欧米の行政制度をたくみに導入する一方、国立大学を設立、官僚の養成を図った（P. 270-272）。

(2) 裁判：日本の司法は戦前まで「ドイツ法」の影響が強かったが、戦後は「英米法」の制度が導入された。しかし、陪審制度の採用は見送られた（P. 276）。

(3) 日本の文学 (5) ——近代江戸時代の鎖国政策から脱し明治に入ると、日本の近代化への歩みは着実に進められ、文学もまた二葉亭四迷のツルゲーネフに関する翻訳紹介や上田敏の訳詩集『海潮音』などに見られるように、海外の文芸思潮を取り入れ、新しいあり方を探ってきた（P. 424）。

日本的「官僚制度」雖然是採用中國的律令制，近代以來，隨著西方思想的傳入，到了明治時期，改為師法歐美先進國家。

司法的「審判」制度亦然，戰前主要受「德國法」影響，戰後引進「英美法」制度，均是效法歐美國家的領域。另外，就「文學」而言，文字的發展與漢文的形式源自中國，明治之初，隨著西方思想及文學經典譯著的增加，介紹外國的文藝思潮，使得文學作品的形式、理論轉而以西方為學習對象。

由以上三個例證可知，隨著時間與環境的變遷，文化「擬態」的目標也會不同。古代的日本從中國接受許多文化的靈感與形式，但是到了近代之後，傾向跟進西方的文化。這種東西文化交融衝擊之下，再加上源自日本本土的固有文化，所孕育出多元且富含獨特性日本文化。

日本是由單一民族所建立的國家，特殊的文化特質使得其在世界各國文化之中具有極高的辨識度。除了擷取外來文化以外，日本特有的文化也對其他國家產生影響。

(1) 集団主義：集団主義には当然ながらプラス、マイナスの両面がある。戦前の無批判な軍国主義化は後者であろうし、戦後の高度成長の原動力となったニッポン式経営は、たとえ一部にエコノミック・アニマルと批判を浴びても、全般的にはプラスの集団主義であり、外国から「日本に学べ」の声も出るわけである。しかし、当の日本ではこれとは逆に個性化、多様化への志向が年 強まっており、集団主義を日本人の永久不変の特性とする見方が見直される時代も来るかもしれない（P. 46-48）。

(2) 日本の治安：日本の治安のよさの秘密は、日本独特の「交番・駐在所制度」にあるのではないかと分析して、外国の警察の中には日本を参考にするところも出てきている（P. 174）。

(3) 相撲：日本の国技である相撲は、日本人ばかりでなく近年は外国人の間にも人気を博している。……また、ハワイ出身の力士、高見山の活躍は、小錦・曙・武蔵丸・旭鷲山・朝青龍・琴欧州らの外国人力士の輩出をもたらし、相撲人気を国際化した点で特筆される（P. 204-206）。

(4) 柔道：柔道の源は古代の武術、「柔術」にさかのぼるが、これを「柔道」と命名、明治時代初期にその基礎を確立したのは、当時東京大学の学生だった嘉納五郎である。……1951年に国際柔道連盟が発足、日本は52年に加盟した。2004年の時点で、国際柔道連盟には約187の国・地域が加盟、柔道人口は世界で500万とも言われる（P. 206-208）。

(5) 剣道・弓道・空手道・合気道：日本の空手は4大流派に大別できるが、各々多くの派があり、空手人口は、外国も含めて2,300万人に上る

という。うち有段者だけで100万人余、その10％が海外と言われるぐらい、柔道と並んで外国人に人気があるスポーツとなっている（P. 212）。

(6) 映画：戦後の1950年前後は、"日本映画の黄金時代"とも言われ、小津安二郎（「東京物語」「晩春」）、溝口健二（「山椒大夫」「雨月物語」）、成瀬巳喜男（「浮雲」「めし」）、黒澤明（「羅生門」「七人の侍」）、木下惠介（「二十四の瞳」「日本の悲劇」）など世界的にも認められた監督が輩出し、ベネチア映画祭やカンヌ映画祭など海外の映画祭で激賞された名作が数多く生まれた（P. 212-214）。

　　由日本人的民族性發展而成的「集團主義」，雖然招致部分負面評價，但是結合眾人之力帶來的正面效果，也扭轉了外國人的觀感進而仿效。而像是發源自於日本的「派出所・分駐所」制度，以及「相撲」、「柔道」等運動，由日本發揚，影響範圍遍及全世界。另外像是「空手道」或是「電影」雖然不是起源自日本，但是憑藉日本人的發展，反而在該領域中具有極高的國際辨識度。

　　文化之間的傳播帶來的影響形成了文化的獨特性，這一點在文化領域的學習更是需要加以強調的。《日本剖析》一書以日本這個國家的立場為基準，對於日本受到他國文化洗禮後

所形成的文化內涵,以及由日本文化對其他國家造成的影響,做了系統性的整理,使學習者對文化的傳承體系有進一步的認識。

五、舉出不同文化之間的相同點加以說明

　　兩種文化相互比較後,可歸納出兩者之間的相同及相異之處。由與本國文化的相異點來認識外國,是文化課程經常使用的教學方式。兩個截然不同的國家孕育出的文化,必然衍生差異,兩者之間的共同之處反而能夠讓學習者記憶深刻。從《日本剖析》當中可以發現以下例證。

(1) 日本の自然環境：面積は約 38km^2。台湾の約 10 倍、アメリカのカリフォルニア州とほぼ同じである（P. 2）。

(2) 犬・猫：中国語や英語の表現と同じように、日本語の表現でも犬のイメージはよくない。「犬死にする」は「むだに死ぬ」の意味だし、単に「イヌ」と言えば、「スパイ、回し者」のことで侮辱語である（P. 486）。

(3) 馬・牛：馬を精力的と見るのは欧米と同じである。「馬力」と言えば、英語の horse-Power のほかに、活力、体力を意味する。……日本でも競馬は人気があるが、欧米のように上流階級

から下層階級までが熱狂するというようなこと
　　はない（P.488）。

(4) タヌキ・キツネ：（キツネの）性質は陰性で
　　ずる賢いとされる。この点は欧米や中国と同じ
　　である（P.492）。

(5) ツル・カラス：カラスのイメージは悪い。黒
　　い姿、雑食性、耳ざわりな鳴き声などから、昔
　　から不吉なことの象徴とされている。この点
　　は、洋の東西を問わず同じである（P.498）。

　　以美國加州的面積說明日本國土大小，介紹日本人對特定動物的看法時，則舉中國或歐美為佐證，歸納出日本與異國相近的刻板印象。經過文化受容的過程而出現的共通元素，在諸多的相異點當中，顯得格外引人注目。文化教科書當中運用這種凸顯兩國文化之相同點，引導學習者認識異國文化的編輯方式得當，的確有助提升學習效果。

第六章
「全球化」語境下日本文化教科書之編撰策略

　　以《日本剖析》為文本，套用五項尺規驗證的結果，可以發現不少問題存在。唯文本分析的過程中，還可以觀察到另外一個面向的問題。本章當中，將加入此一面向的辨析，探討「全球化」語境下日本文化教科書應採取之編撰策略，作為總結。

一、社會是活的

　　經過長時間日積月累而形成的文化，除了恆常不變的本質之外，受到歲月以及外在環境影響而變遷的部分也同時存在。國內外知名的社會學家針對社會的這個特質，皆提出各自的看法，也有相當程度的重疊。例如日籍社會學家二宮哲雄，他認為在人類的語言、文化、勞動、社會與歷史這些基礎之上，必須再加入創造及信仰等行為要素，亦即與上述相關的種種活動及行為，持續進行，方能構成人類社會。人類之所以是人類，就是透過不斷「創造」的行為，突顯出與其他生物的相異之處。因此，我們可以說「社會是活的」。德國的社會學家魯曼（Niklas Luhmann, 1927-1998）的看法，與二宮有異曲同工之妙，他也曾提出「社會是有生命的」一說。

正因為人類社會形成具有變動性的特質,欲接近異文化的全貌,就必須隨時掌握最新的相關資料與數據。然而,從針對以《日本剖析》為文本分析的結果,也可發現諸多數值及資訊不符現狀的情況。

(1) 日本の自然環境:人口はアメリカの約半分、1億2,770万人(2004年12月1日現在)。うち70％が関東南部から北九州に至る地域に住む。ベルギーやオランダのほうが人口密度は高いが、居住可能面積で見れば日本が上である(P. 2)。

(2) 住宅:総務省の2003年の「住宅統計調査報告」によると、日本の総住宅数は……問題は住宅1戸当たりの面積は、日本の住宅は、かつて「ウサギ小屋」と評されたように、欧米に比べて一般に狭い。建設省の資料によると、日本の新築住宅の1戸当たり床面積は97.5m^2(99年)で、アメリカの162.0m^2(89年)には及ばないものの、フランスの105.5m^2(88年)やドイツの94.8m^2(91年)をやや下回っている(P. 120)。

(3) 結婚・離婚:厚生労働省(旧厚生省)の『人口動態統計』によると、2005年に結ばれたカップルは71万4,261組で、前年より約6,156組減

り、人口 1,000 人当たりの婚姻率も 5.7 と減っている。この婚姻率は 71 年の 10.5 から減り続け、87 年には 5.7 で統計開始以来最低を記録したが、90 年代は 5.9～6.4 の間を上下している。一方、離婚は 26 万 1,929 組で、離婚率は 2.08 に達し、前年の 2.15 を下回った。この数字は、アメリカ（4.0）やスウェーデン（2.36）などの離婚先進国に比べれば低いものの、日本でも離婚が珍しくなくなったことを表している（P. 136）。

(4) 防衛：防衛力の整備をするに当たって、日本政府は防衛計画大綱を作り、それに基づいて充実を図っているが、その上限を GNP 1％としていた。しかし装備費、人件費の上昇で、1％の枠を守るのはしだいに困難になってきて、1987 年度の予算で 1％の枠を超えた。しかし 1995 年につくられた新防衛大綱によると、日本の防衛費は、今後とも GNP 1％前後に推移することになっている（P. 288）。

(5) 企業の海外展開と空洞化：企業が海外で生産する比率は、製造業で 95 年度には 10％になったと見られ、アメリカ企業の 25％、ドイツ企業の 21％に比べればなお低いものの、着実に上昇している（P. 304）。

(6) 日本の流通と物価：95年の経済企画庁の調査による東京の物価水準は、ニューヨークの1.59倍、ロンドンの1.52倍、パリの1.34倍、ベルリンの1.35倍、ジュネーブの1.02倍とされている。バブル崩壊以降、低成長が続いた日本は、物価が比較的安定した動きとなった。内閣府は2001年3月、「緩やかなデフレーション（持続的な物価下落）にある」と、戦後初めてデフレにあることを認定した（P. 312-314）。

　　以上引用內容，包含了正負兩面六個事例。針對一個主題，若能以時間為縱軸進行系統性的整理，提供學習者翔實的數據資料，瞭解日本在該領域的歷史沿革及變遷，無論對教學者或是學習者都是最理想的教材。《日本剖析》的前言說明該書是以2002年發行的《日本タテヨコ》（*JAPAN AS IT IS*）（英日對譯／第四版）為底本，更新其中數據，2006年編譯在台發行《日本剖析》二版。以(1)「自然環境」為例，文中提出2004年12月1日為止的人口統計數據作為參考依據。另外在(3)「結婚・離婚」項目中，引用厚生勞動省的統計，說明日本自1971年開始有官方統計以來，至2005年為止的發展趨勢，更與美國及瑞典的數值相互對照，提供學習者最新、最完整的相關資訊。

　　反觀(4)「防衛」、(5)「企業的海外發展與空洞化」等項目，則僅提供至1995年的數字，與出版的2006年有十年的差距。在(6)「日本的流通產業與物價」一節，更新的數字也僅止於1995年。另外像是(2)「住宅」情報的篇幅中，雖然該節提供了2003年總務省的調查報告的更新數據，但在另一個段落

卻是以 1999 年日本建設省的資料，對比 1989 年美國、1988 年法國、1991 年德國的數字。對照的基準點不同，其比較的結果也隨之失去公允，難以令學習者信服。尤其是近代以來日本各方面的發展及變遷日新月異，負責傳遞文化內涵的教師、教科書的作者、編輯、出版社都應有此共識，提供最新的情報，協助學習者掌握異國最新的動態。

二、編輯策略之建議

「文化」是人類終其一生無法擺脫的使命，也因為「文化」，使得人類的歷史別具意義。「文化」的本質是擬態，所有文化都是融合的過程和結果。然而在「全球化」的體系之下，「在地化」就是那一股幫助我們不致同質化，而是能夠異質多元並存的力量。

在文化傳播的過程中，身為日本文化教科書的編者擔負了向世界傳達日本文化的重任，如何在建構「日本文化教科書」的內容同時，以「文化全球化」的思考，加入「在地化」的「本土反應」，引導世界認識日本文化，成為重要的議題。

彙整文本分析的結果，筆者歸納出以下重點，作為「文化全球化」與「全球在地化」景況中日本文化教科書的編輯建議。

（一）因應「在地化」思維調整內容

為特定國家或語種編輯日本文化教科書時，除了著眼於「自」我論述之外，也要留意與「他」者的互動。因此，編輯時應秉持因「地」制宜的原則，適時添加該國或地區的資訊，更能喚起學習者的共鳴，提高學習成效。

（二）堅持「全球化」視野

「全球化」的價值在於並非以像是美國等強國為放諸四海皆準的衡量標準，而是尊重異質且多元的存在。日本文化教科書的編輯，也不能一昧的堅持刻板的歐美至上主義，更應該仔細觀察從更多不同的他者眼中映照的日本。

（三）數字非萬能

以數字來判斷優劣，的確是科學的研究方法。然而，數字能夠呈現的真相並非全部，文化的內涵也不是數字所能完整表達的。因此，對日本文化教科書編輯者而言，如何傳達數字無法呈現的內容，才是最大的挑戰。

（四）開關雙向論述管道

有學者認為日本「全球化」的特徵之一在於「單向的全球化」，意指日本的「全球化」只有由內往外單向進行，極少外部的資源能流入內部。唯有衝破日本政府精心建構的「單向全球化」藩籬，才能解決問題[148]。因此，如果要帶領世人客觀認識日本，應以雙向論述的方式，參考不同國家編輯的日本文化教科書，比較對照，才能從他者的觀點描述自我。

---

[148] 「對於這個秩序井然的島國，全球化是個單行道，日本產品和投資源源外流，卻極少回到國內」出自理查・隆沃思《虛幻樂園：全球經濟自由化的危機》應小瑞譯（台北：天下遠見，2000）p. 131。吳侑倫針對日本的「全球化」提出三點建議，第一步就是衝破單向全球化的藩籬，才能改善日本的對外關係，扭轉日本的國際形象。吳侑倫．《必由之路？日本進入全球化的中國途徑：入江昭、大前研一與小室哲哉的論述》（台北：台大政治系中國中心，2008）pp. 170-171。

附表　《日本剖析》各國事例一覽表

※ 國名以五十音順排序，事例內容依登載頁數順序排列

アメリカ

出　　所		テキストの内容
日本の自然環境	P. 2	面積は約38万km^2。台湾の約10倍、アメリカのカリフォルニア州とほぼ同じである。人口はアメリカの約半分、1億2,770万人（2004年12月1日現在）。うち70％が関東南部から北九州に至る地域に住む。ベルギーやオランダのほうが人口密度は高いが、居住可能面積で見れば日本が上である。
住宅	P. 120	……日本の住宅は、かつて「ウサギ小屋」と評されたように、欧米に比べて一般に狭い。建設省の資料によると、日本の新築住宅の1戸当たり床面積は97.5m^2（99年）で、アメリカの162.0m^2（89年）には及ばないものの、フランスの105.5m^2（88年）やドイツの94.8m^2（91年）をやや下回っている。
結婚・離婚	P. 136	厚生労働省（旧厚生省）の『人口動態統計』によると、2005年に結ばれたカップルは71万4,261組で、前年より約6,156組減り、人口1,000人当たりの婚姻率も5.7と減っている。この婚姻率は71年の10.5から減り続け、87年には5.7で統計開始以来最低を記録したが、90年代は5.9～6.4の間を上下している。一方、離婚は26万1,929組で、離婚率は2.08に達し、前年の2.15を下回った。この数字は、アメリカ（4.0）やスウェーデン（2.36）などの離婚先進国に比べれば低いものの、日本でも離婚が珍しくなくなったことを表している。
贈答	P. 156	日本では、取材の際に若干の金品を贈ることは珍しくないが、アメリカでは、政府の高官、補佐官などは、いかなるプレゼントも黙って受け取ることは禁じられている。アレン事件は、そうした贈り物に対する日米の習慣の違いを象徴するものと言えるだろう。

出　　所		テキストの内容
新聞	P. 158 -160	日本は世界一の新聞大国と言える。全国紙、地方紙122社が、毎日（朝・夕刊合わせて）推定約7,200万部以上の新聞を発行している。ユネスコの統計によると、この部数は崩壊前の旧ソ連の約1億4,000万部を除けば、アメリカの5,700万部、中国の2,800万部、イギリスの1,900万部、フランスの1,300万部を上回る数字である（94-96年）。普及率で見ても、日本は人口1,000人当たり約580部で、ノルウェーの約610部についで高い。これはドイツの394部、イギリスの332部、アメリカの212部という普及率をしのぎ、新聞の大好きな国民であることを示している。
	P. 160	最大発行部数の新聞社は、1874年設立の読売新聞で、朝刊・夕刊合わせて毎日1,455万部を発行している。これは1社としては世界最大の発行部数で、……中国の『人民日報』（300万部）をもしのぎ、自由主義国の民営商業紙としては驚異的な数字である。アメリカ最大の発行部数は、《ウォール・ストリート・ジャーナル》の178万部、《ニューヨーク・タイムズ》の108万部。また、イギリスでは《ザ・サン》410万部、というところだが、日本には《読売新聞》以外にも《朝日新聞》1,259万部、《毎日新聞》583万部、《産経新聞》《日本経済新聞》などの全国紙があり、これら五大紙が圧倒的に強いのが特徴である。
出版	P. 164 -166	出版統計の取り方は国によって異なるので、正確な比較は難しいが、日本が世界でも有数の出版王国であることはまちがいない。97年1年間に、日本では約6万2,300点の新刊書籍が発行された。主な国の新刊書籍出版点数は中国7万点、イギリス10万1,800点、ドイツ7万4,200点、アメリカ6万2,000点、フランス3万4,800点などとなっている（95-96年）。これらの国の言語がいずれもグローバルな言語であるのに対して、日本語はそうでないことを考え合わせると、日本の出版点数は非常に多い。
道路網	P. 172	……1927年に走り始めた首都東京の地下鉄は、公私営13路線が縦横に走り、1日729万人を運ぶ主要交通機関となっている。その営業キロ数は総延長で、249kmあり、ニューヨーク、ロンドン、パリ、モスクワに次いで世界第5位。

出　所		テキストの内容
日本の治安	P. 172 -174	日本の治安のよさは、犯罪に関する各国のデータにも明確に現れている。96年の統計では、人口10万人当たりの犯罪の発生率が最も多いのはイギリスの9,745件で、次いでドイツ7,869件、フランス6,072件、アメリカ4,616件と続き、日本は1,608件と先進国の中では最も少ない。また人口10万人当たりの殺人発生率で見ても、アメリカ6.3人、フランス3.7人、ドイツ3.5人、イギリス2.7人に対し、日本は1.2人で最小である。一方検挙率を見ると、アメリカ21.3％、フランス28.7％、ドイツ52.3％、イギリス29.3％に対して、日本は38.2％で2番目に高い。
裁判	P. 276	日本の司法は戦前まで「ドイツ法」の影響が強かったが、戦後は「英米法」の制度が導入された。しかし、陪審制度の採用は見送られた。
経済協力	P. 288	……日本は1991年から10年連続して世界第1位のODA供与国となった。……03年の二国間のODAの総額約89億ドルのうち、アジア向けは約63％を占めた。……日本のODAは、金額ではかつて世界一だったが、01年には米国に次いで第二位で、対GNP比率が低い。……
経済協力	P. 290	日本のODAは、金額ではかつて世界一だったが、01年には米国に次いで第二位で、……。
企業の海外発展と空洞化	P. 302	……企業が海外で生産する比率は、製造業で95年度には10％になったと見られ、アメリカ企業の25％、ドイツ企業の21％に比べればなお低いものの、着実に上昇している。
企業の海外展開と空洞化	P. 304	企業が海外で生産する比率は、製造業で95年度には10％になったと見られ、アメリカ企業の25％、ドイツ企業の21％に比べればなお低いものの、着実に上昇している。
日本の流通と物価	P. 310	……95年の経済企画庁の調査による東京の物価水準は、ニューヨークの1.59倍、ロンドンの1.52倍、パリの1.34倍、ベルリンの1.35倍、ジュネーブの1.02倍とされている。

出　所		テキストの内容
日本の流通と物価	P. 312-314	95年の経済企画庁の調査による東京の物価水準は、ニューヨークの1.59倍、ロンドンの1.52倍、パリの1.34倍、ベルリンの1.35倍、ジュネーブの1.02倍とされている。バブル崩壊以降、低成長が続いた日本は、物価が比較的安定した動きとなった。内閣府は2001年3月、「緩やかなデフレーション（持続的な物価下落）にある」と、戦後初めてデフレにあることを認定した。
世界で最も早い高齢化	P. 320	総人口のうち65歳以上の高齢者が占める割合は……日本の高齢化はEUの2倍のスピード、アメリカに比べると3倍のスピードで進行した。2000年には17.2％に至った。旧厚生省の予測によると、日本のこの比率は2020年には26.9％に高まり、国連の予測によるアメリカの16.1％、西ヨーロッパの20.2％を大きく上回ることになる。日本は今世紀にはずば抜けた高齢者大国になるということだ。

ロシア

出　所		テキストの内容
日本人の死生観	P. 44	日本は自殺が多いと言われるが、人口10万人当たりの自殺率は24.1人（2002年）世界第10位で、世界第1位のリトアニアの44.7人、世界第2位のロシアの38.7人などに比べると低い（台湾は15.2人、2002年世界第23位ポーランドに相当）。日本では「死によって活かす」自殺は、それ自体が潔い行為と見られ、罪悪視されることはない。これには仏教の厭世思想が果たした役割が大きく、自殺をタブーとするキリスト教文化圏の思想とはたいへん異なっている。
新聞	P. 158-160	日本は世界一の新聞大国と言える。全国紙、地方紙122社が、毎日（朝・夕刊合わせて）推定約7,200万部以上の新聞を発行している。ユネスコの統計によると、この部数は崩壊前の旧ソ連の約1億4,000万部を除けば、アメリカの5,700万部、中国の2,800万部、イギリスの1,900万部、フランスの1,300万部を上回る数字である（94-96）。普及率で見ても、日本は人口1,000人当たり約580部で、ノルウェーの約610部についで高い。これはドイツの394部、イギリスの332部、アメリカの212部という普及率をしのぎ、新聞の大好きな国民であることを示している。

出　所		テキストの内容
道路網	P. 172	……1927年に走り始めた首都東京の地下鉄は、公私営13路線が縦横に走り、1日729万人を運ぶ主要交通機関となっている。その営業キロ数は総延長で、249kmあり、ニューヨーク、ロンドン、パリ、モスクワに次いで世界第5位。

台湾

出　所		テキストの内容
日本の自然環境	P. 2	面積は約38万km^2。台湾の約10倍、アメリカのカリフォルニア州とほぼ同じである。人口はアメリカの約半分、1億2,770万人（2004年12月1日現在）。うち70%が関東南部から北九州に至る地域に住む。ベルギーやオランダのほうが人口密度は高いが、居住可能面積で見れば日本が上である。
日本人の死生観	P. 44	日本は自殺が多いと言われるが、人口10万人当たりの自殺率は24.1人（2002年）世界第10位で、世界第1位のリトアニアの44.7人、世界第2位のロシアの38.7人などに比べると低い（台湾は15.2人、2002年世界第23位ポーランドに相当）。日本では「死によって活かす」自殺は、それ自体が潔い行為と見られ、罪悪視されることはない。これには仏教の厭世思想が果たした役割が大きく、自殺をタブーとするキリスト教文化圏の思想とはたいへん異なっている。
世界で最も早い高齢化	P. 320	……人口が一定の水準を保つためには、一人の女性が生涯に平均して2.09人の子供を生む必要があるが、89年にはこの指標が1.57人にまで低下し、……93年には1.46まで低下し、03年は、1.29（台湾は2001年で1.4人）に落ち込んだ。

ポーランド

出所		テキストの内容
日本人の死生観	P. 44	日本は自殺が多いと言われるが、人口10万人当たりの自殺率は24.1人（2002年）世界第10位で、世界第1位のリトアニアの44.7人、世界第2位のロシアの38.7人などに比べると低い（台湾は15.2人、2002年世界第23位ポーランドに相当）。日本では「死によって活かす」自殺は、それ自体が潔い行為と見られ、罪悪視されることはない。これには仏教の厭世思想が果たした役割が大きく、自殺をタブーとするキリスト教文化圏の思想とはたいへん異なっている。

フランス

理論 2 に関わっている事例整理表

出所		テキストの内容
住宅	P. 120	……日本の住宅は、かつて「ウサギ小屋」と評されたように、欧米に比べて一般に狭い。建設省の資料によると、日本の新築住宅の1戸当たり床面積は97.5m^2（99年）で、アメリカの162.0m^2（89年）には及ばないものの、フランスの105.5m^2（88年）やドイツの94.8m^2（91年）をやや下回っている。
新聞	P. 158 -160	日本は世界一の新聞大国と言える。全国紙、地方紙122社が、毎日（朝・夕刊合わせて）推定約7,200万部以上の新聞を発行している。ユネスコの統計によると、この部数は崩壊前の旧ソ連の約1億4,000万部を除けば、アメリカの5,700万部、中国の2,800万部、イギリスの1,900万部、フランスの1,300万部を上回る数字である（94-96）。普及率で見ても、日本は人口1,000人当たり約580部で、ノルウェーの約610部についで高い。これはドイツの394部、イギリスの332部、アメリカの212部という普及率をしのぎ、新聞の大好きな国民であることを示している。

出　　所		テキストの内容
出版	P. 164 -166	出版統計の取り方は国によって異なるので、正確な比較は難しいが、日本が世界でも有数の出版王国であることはまちがいない。97年1年間に、日本では約6万2,300点の新刊書籍が発行された。主な国の新刊書籍出版点数は中国7万点、イギリス10万1,800点、ドイツ7万4,200点、アメリカ6万2,000点、フランス3万4,800点などとなっている（95-96年）。これらの国の言語がいずれもグローバルな言語であるのに対して、日本語はそうでないことを考え合わせると、日本の出版点数は非常に多い。
道路網	P. 172	……1927年に走り始めた首都東京の地下鉄は、公私営13路線が縦横に走り、1日729万人を運ぶ主要交通機関となっている。その営業キロ数は総延長で、249 kmあり、ニューヨーク、ロンドン、パリ、モスクワに次いで世界第5位。
日本の治安	P. 172 -174	日本の治安のよさは、犯罪に関する各国のデータにも明確に現れている。96年の統計では、人口10万人当たりの犯罪の発生率が最も多いのはイギリスの9,745件で、次いでドイツ7,869件、フランス6,072件、アメリカ4,616件と続き、日本は1,608件と先進国の中では最も少ない。また人口10万人当たりの殺人発生率で見ても、アメリカ6.3人、フランス3.7人、ドイツ3.5人、イギリス2.7人に対し、日本は1.2人で最小である。一方検挙率を見ると、アメリカ21.3％、フランス28.7％、ドイツ52.3％、イギリス29.3％に対して、日本は38.2％で2番目に高い。
裁判	P. 276	日本の司法は戦前まで「ドイツ法」の影響が強かったが、戦後は「英米法」の制度が導入された。しかし、陪審制度の採用は見送られた。
日本の流通と物価	P. 310	……95年の経済企画庁の調査による東京の物価水準は、ニューヨークの1.59倍、ロンドンの1.52倍、パリの1.34倍、ベルリンの1.35倍、ジュネーブの1.02倍とされている。
日本の流通と物価	P. 312 -314	95年の経済企画庁の調査による東京の物価水準は、ニューヨークの1.59倍、ロンドンの1.52倍、パリの1.34倍、ベルリンの1.35倍、ジュネーブの1.02倍とされている。バブル崩壊以降、低成長が続いた日本は、物価が比較的安定した動きとなった。内閣府は2001年3月、「緩やかなデフレーション（持続的な物価下落）にある」と、戦後初めてデフレにあることを認定した。

出　所		テキストの内容
日本の文学(6)―現代	P. 428	……また、この時期にフランスの詩人アンドレ・ブルトンの提唱する超現実主義(シュールレアリスム)、ベルレーヌ、バレリーやマラルメを指導者とする象徴主義が日本詩壇を真っ向から揺さぶった。

イギリス

出　所		テキストの内容
新聞	P. 158-160	日本は世界一の新聞大国と言える。全国紙、地方紙122社が、毎日（朝・夕刊合わせて）推定約7,200万部以上の新聞を発行している。ユネスコの統計によると、この部数は崩壊前の旧ソ連の約1億4,000万部を除けば、アメリカの5,700万部、中国の2,800万部、イギリスの1,900万部、フランスの1,300万部を上回る数字である（94-96）。普及率で見ても、日本は人口1,000人当たり約580部で、ノルウェーの約610部についで高い。これはドイツの394部、イギリスの332部、アメリカの212部という普及率をしのぎ、新聞の大好きな国民であることを示している。
	P. 160	最大発行部数の新聞社は、1874年設立の読売新聞で、朝刊・夕刊合わせて毎日1,455万部を発行している。これは1社としては世界最大の発行部数で、……中国の《人民日報》（300万部）をしのぎ、自由主義国の民営商業紙としては驚異的な数字である。アメリカ最大の発行部数は、《ウォール・ストリート・ジャーナル》の178万部、《ニューヨーク・タイムズ》の108万部。また、イギリスでは《ザ・サン》410万部、というところだが、日本には《読売新聞》以外にも《朝日新聞》1,259万部、《毎日新聞》583万部、《産経新聞》《日本経済新聞》などの全国紙があり、これら五大紙が圧倒的に強いのが特徴である。

出　所		テキストの内容
出版	P. 164 -166	出版統計の取り方は国によって異なるので、正確な比較は難しいが、日本が世界でも有数の出版王国であることはまちがいない。97年1年間に、日本では約6万2,300点の新刊書籍が発行された。主な国の新刊書籍出版点数は中国7万点、イギリス10万1,800点、ドイツ7万4,200点、アメリカ6万2,000点、フランス3万4,800点などとなっている（95-96年）。これらの国の言語がいずれもグローバルな言語であるのに対して、日本語はそうでないことを考え合わせると、日本の出版点数は非常に多い。
道路網	P. 172	……1927年に走り始めた首都東京の地下鉄は、公私営13路線が縦横に走り、1日729万人を運ぶ主要交通機関となっている。その営業キロ数は総延長で、249 kmあり、ニューヨーク、ロンドン、パリ、モスクワに次いで世界第5位。
日本の治安	P. 172 -174	……日本の治安のよさは、犯罪に関する各国のデータにも明確に現れている。96年の統計では、人口10万人当たりの犯罪の発生率が最も多いのはイギリスの9,745件で、次いでドイツ7,869件、フランス6,072件、アメリカ4,616件と続き、日本は1,608件と先進国の中では最も少ない。また人口10万人当たりの殺人発生率で見ても、アメリカ6.3人、フランス3.7人、ドイツ3.5人、イギリス2.7人に対し、日本は1.2人で最小である。一方検挙率を見ると、アメリカ21.3％、フランス28.7％、ドイツ52.3％、イギリス29.3％に対して、日本は38.2％で2番目に高い。
公営ギャンブル・パチンコ	P. 218	……欧米の競馬がイギリスの貴族・王室を中心に発達し、上流階級色の強いものであるのに対し、日本の競馬は庶民のギャンブルとなっている点が特徴である。
裁判	P. 276	日本の司法は戦前まで「ドイツ法」の影響が強かったが、戦後は「英米法」の制度が導入された。しかし、陪審制度の採用は見送られた。

出　所		テキストの内容
日本の流通と物価	P. 312 -314	95年の経済企画庁の調査による東京の物価水準は、ニューヨークの1.59倍、ロンドンの1.52倍、パリの1.34倍、ベルリンの1.35倍、ジュネーブの1.02倍とされている。バブル崩壊以降、低成長が続いた日本は、物価が比較的安定した動きとなった。内閣府は2001年3月、「緩やかなデフレーション（持続的な物価下落）にある」と、戦後初めてデフレにあることを認定した。
犬・猫	P. 486 -488	猫のイメージは悪く、「猫を殺せば七代たたる」とか「化け猫」などと言う。日本には魔女の手先という迷信はない。……仲が悪いのは、欧米では猫と犬だが、日本では猿と犬で、「犬猿の仲」と言う。猫の好物は、英米ではミルク、日本ではかつおぶしである。……

中国

出　所		テキストの内容
日本の歴史(1)	P. 8-10	（古墳時代）は中国から多くの知識、技術が流入した時代で、4世紀に大和政権は朝鮮半島え進出して、大陸の高度な物質文化を輸入し、……5世紀には、……中国の文字である漢字の使用も始まった。6世紀に儒教の摂取が本格的になり、仏教も伝来した。7世紀に……大化の改新を契機に、……中国の隋、唐を手本にしたが、このころから大陸文化の摂取にさらに積極的になり、9世紀末までに遣隋使、遣唐使を10数回も派遣することになる。

出　所		テキストの内容
新聞	P. 158 -160	日本は世界一の新聞大国と言える。全国紙、地方紙122社が、毎日（朝・夕刊合わせて）推定約7,200万部以上の新聞を発行している。ユネスコの統計によると、この部数は崩壊前の旧ソ連の約1億4,000万部を除けば、アメリカの5,700万部、中国の2,800万部、イギリスの1,900万部、フランスの1300万部を上回る数字である（94-96）。普及率で見ても、日本は人口1,000人当たり約580部で、ノルウェーの約610部についで高い。これはドイツの394部、イギリスの332部、アメリカの212部という普及率をしのぎ、新聞の大好きな国民であることを示している。
	P. 160	最大発行部数の新聞社は、1874年設立の読売新聞で、朝刊・夕刊合わせて毎日1,455万部を発行している。これは1社としては世界最大の発行部数で、……中国の《人民日報》（300万部）をしのぎ、自由主義国の民営商業紙としては驚異的な数字である。アメリカ最大の発行部数は、《ウォール・ストリート・ジャーナル》の178万部、《ニューヨーク・タイムズ》の108万部。また、イギリスでは《ザ・サン》410万部、というところだが、日本には《読売新聞》以外にも《朝日新聞》1,259万部、《毎日新聞》583万部、《産経新聞》《日本経済新聞》などの全国紙があり、これら五大紙が圧倒的に強いのが特徴である。
剣道・弓道・空手道・合気道	P. 212	空手は武器を一切使わない、徒手空拳の武技である。中国の唐時代に始まった中国拳法が沖縄に伝わり、「手」、「唐手」として発達したと言われている。
碁・将棋・マージャン	P. 216	将棋はチェスの東洋版と考えればいい。……碁も将棋も、遣唐使や入唐僧などによって中国から伝えられたものとされ、特に将棋はインドが発祥と言われている。……マージャンも中国からの伝来。
官僚	P. 270	日本の官僚制度は非常に古い。千数百年前、大和朝廷（政権）が中国から導入した律令制が、時代とともに整備され、それに伴って官僚も育っていった。……明治になって日本は、欧米の思想・技術を積極的に入れ、急速に近代化したが、その原動力となったのが武士出身の行政官たちだった。……

出　所		テキストの内容
貿易構造と貿易摩擦	P. 302	1960年代以降、日本の輸出が急増する中で、外国との貿易摩擦が繰り返された。……2001年には中国からのネギなど農産物3品目の輸入が、国内の農家に大きい損害を与えているとして、日本では初めてセーフガードの適用に踏み切り、中国との貿易摩擦が発生した。……
建築	P. 364	寺院建築は中国の影響を強く受けているが、屋根の反りが少なく、軒が深い点、優美な曲線と直線のコントラストなど、日本化したものとなっている。……
邦楽	P. 372	……宮廷の行事の際に演奏される儀式音楽。古代に中国・朝鮮半島から入った音楽で、日本音楽の最も古い姿を残しているものと言える。
書道	P. 392	日本の書道はもともと中国の王羲之が祖と言われ、中国の書が日本に入ったのは奈良時代である。平安時代前期には空海、嵯峨天皇、橘逸勢の3人が特に三筆と言われ、中国風の雄勁な書風を代表した。さらに中期には小野道風、藤原佐理、藤原行成が現れ、三蹟と言われた。彼らはそれまでの中国風に対し、優美典雅な日本風の和様書道（上代様とも言う）の創造に功績があった。
絵画	P. 396	……西洋絵画の油絵は、顔料を油で溶くことによって色を自由に混ぜ合わせ、好みの色彩が得られるが、日本画ではそれはできず、また、重ね塗りもできない。日本画には単色画と彩色画がある。単色画には、墨の線だけによる「白描」と、墨の濃淡によって物体の量感や空間を表す「水墨画」がある。いずれも中国から伝わった技法であり、……室町時代の雪舟によって日本的な水墨画が生み出されたとされている。
陶磁器	P. 400	日本最初の陶器は、奈良時代に中国の唐三彩を模して作られたと思われる……本格的な陶器が焼かれるのは鎌倉時代で、瀬戸の藤四郎という人が、中国から技術を移入したもので、壺や水差し、香炉、仏具などが作られた。
漆器	P. 404	……漆器作りの技法が中国から伝わったものか、日本で独自に発展したものかは意見が分かれている。ただ、技術が飛躍的に進歩したのは、6世紀に入って大陸との交流が活発になり、中国の優秀な技術が輸入されたためである。……

出　　所		テキストの内容
日本の文学(1)—古代	P. 412	日本には仮名文字と「真名」と呼ばれる漢字があり、これらの文字を組み合わせて文章がつづられている。その中の漢字は5世紀ごろ中国大陸より朝鮮半島などを経て日本に伝えられ、今日も活用されている。
禅	P. 444-446	仏教では悟りを得る方法の一つとして古くから座禅を行ってきたが、中国に起こった禅宗では座禅に徹することを要求し、日常生活すべてを座禅の修業の一環であるとしている。……江戸時代初期には、中国から来朝した隠元によって黄檗宗が開かれた。経文や動作、飾りなどすべて中国風そのままであることを特徴とした。禅が日本文化に与えた影響は大きい。特に室町時代、中国との交流が盛んで、その先端に立った臨済宗の僧侶が、貴族や上級武士の間に中国文化を紹介した。……
タヌキ・キツネ	P. 492	……性質は陰性でずる賢いとされる。この点は欧米や中国と同じである。
タイ・コイ	P. 494	欧米では薄汚い魚、大食いで貪欲、ばか者といった、あまりよくないイメージをもたれているが、日本と中国では、勇気・忍耐・努力の象徴であり、男子の意気を表す。コイは滝を上って竜になるという中国の伝説に由来する、「コイの滝登り」という表現は、立身出世を意味する。……
松	P. 500	「松竹梅」はめでたいものとして、正月や慶事に生け花や盆栽として飾る。起源は中国で、中国では寒さに耐えて美しい姿を見せるところから画題とされていたのが、日本へ来てめでたいものとなった。飲食店などで料理の品質、価額を示すとき、上・中・下としないで松・竹・梅とする習慣がある。露骨さを避けるためであろう。
竹	P. 502	中国では竹を、梅・ラン・菊とともに四君子と言い、君子のように節操の正しい植物とみなしている。さっぱりした性格を「竹を割ったような」と言うように、竹は淡白さ、純粋さをも表す。竹にちなむ伝説は中国、日本ともに多い。中国の西晋時代に、世俗を避けて竹林にこもり清談に時を費やした7人を言う。昔話では日本の『竹取物語』（9世紀ごろ）が有名。

出　所		テキストの内容
梅・桃	P. 506	梅は奈良時代に中国から渡来した。当時は万事が中国風であったから、中国に倣って梅が好まれ、『万葉集』では萩に次いで 118 首が詠まれている（桜は第 5 位で 40 首）……。
	P. 508	『古事記』に、桃を投げて神の窮地を救ったという神話があるように、悪魔を払う魔よけの木とされる。桃は中国原産で、中国でも、古来、邪気を払う仙果とされ、桃源郷を彩る花であった。
幽霊	P. 510	落語の『怪談牡丹灯籠』は、1861-64 年に成立した人情話。艶麗な怪談話として有名である。中国の怪奇小説や実話を参考にして、落語家三遊亭円朝が作った。……
妖怪	P. 514	天狗の思想は中国伝来。平安時代、天狗は流星やトビとみられ、人についたり、未来を予言した。……

ドイツ

出　所		テキストの内容
住宅	P. 120	……日本の住宅は、かつて「ウサギ小屋」と評されたように、欧米に比べて一般に狭い。建設省の資料によると、日本の新築住宅の 1 戸当たり床面積は 97.5 m^2（99 年）で、アメリカの 162.0 m^2（89 年）には及ばないものの、フランスの 105.5 m^2（88 年）やドイツの 94.8 m^2（91 年）をやや下回っている。
新聞	P. 158 -160	日本は世界一の新聞大国と言える。全国紙、地方紙 122 社が、毎日（朝・夕刊合わせて）推定約 7,200 万部以上の新聞を発行している。ユネスコの統計によると、この部数は崩壊前の旧ソ連の約 1 億 4,000 万部を除けば、アメリカの 5,700 万部、中国の 2,800 万部、イギリスの 1,900 万部、フランスの 1,300 万部を上回る数字である（94-96）。普及率で見ても、日本は人口 1,000 人当たり約 580 部で、ノルウェーの約 610 部についで高い。これはドイツの 394 部、イギリスの 332 部、アメリカの 212 部という普及率をしのぎ、新聞の大好きな国民であることを示している。

出　所		テキストの内容
出版	P. 164 -166	出版統計の取り方は国によって異なるので、正確な比較は難しいが、日本が世界でも有数の出版王国であることはまちがいない。97年1年間に、日本では約6万2,300点の新刊書籍が発行された。主な国の新刊書籍出版点数は中国7万点、イギリス10万1,800点、ドイツ7万4,200点、アメリカ6万2,000点、フランス3万4,800点などとなっている（95-96年）。これらの国の言語がいずれもグローバルな言語であるのに対して、日本語はそうでないことを考え合わせると、日本の出版点数は非常に多い。
日本の治安	P. 172 -174	日本の治安のよさは、犯罪に関する各国のデータにも明確に現れている。96年の統計では、人口10万人当たりの犯罪の発生率が最も多いのはイギリスの9,745件で、次いでドイツ7,869件、フランス6,072件、アメリカ4,616件と続き、日本は1,608件と先進国の中では最も少ない。また人口10万人当たりの殺人発生率で見ても、アメリカ6.3人、フランス3.7人、ドイツ3.5人、イギリス2.7人に対し、日本は1.2人で最小である。一方検挙率を見ると、アメリカ21.3％、フランス28.7％、ドイツ52.3％、イギリス29.3％に対して、日本は38.2％で2番目に高い。……
裁判	P. 276	日本の司法は戦前まで「ドイツ法」の影響が強かったが、戦後は「英米法」の制度が導入された。しかし、陪審制度の採用は見送られた。
企業の海外発展と空洞化	P. 302	……企業が海外で生産する比率は、製造業で95年度には10％になったと見られ、アメリカ企業の25％、ドイツ企業の21％に比べればなお低いものの、着実に上昇している。
企業の海外展開と空洞化	P. 304	企業が海外で生産する比率は、製造業で95年度には10％になったと見られ、アメリカ企業の25％、ドイツ企業の21％に比べればなお低いものの、着実に上昇している。
日本の流通と物価	P. 312 -314	95年の経済企画庁の調査による東京の物価水準は、ニューヨークの1.59倍、ロンドンの1.52倍、パリの1.34倍、ベルリンの1.35倍、ジュネーブの1.02倍とされている。バブル崩壊以降、低成長が続いた日本は、物価が比較的安定した動きとなった。内閣府は2001年3月、「緩やかなデフレーション（持続的な物価下落）にある」と、戦後初めてデフレにあることを認定した。

ベルギー

出　所		テキストの内容
日本の自然環境	P. 2	面積は約 38 万 km²。台湾の約 10 倍、アメリカのカリフォルニア州とほぼ同じである。人口はアメリカの約半分、1 億 2,770 万人（2004 年 12 月 1 日現在）。うち 70％が関東南部から北九州に至る地域に住む。ベルギーやオランダのほうが人口密度は高いが、居住可能面積で見れば日本が上である。

オランダ

出　所		テキストの内容
日本の自然環境	P. 2	面積は約 38 万 km²。台湾の約 10 倍、アメリカのカリフォルニア州とほぼ同じである。人口はアメリカの約半分、1 億 2,770 万人（2004 年 12 月 1 日現在）。うち 70％が関東南部から北九州に至る地域に住む。ベルギーやオランダのほうが人口密度は高いが、居住可能面積で見れば日本が上である。

スウェーデン

出　所		テキストの内容
結婚・離婚	P. 136	厚生労働省（旧厚生省）の『人口動態統計』によると、2005 年に……離婚は 26 万 1929 組で、離婚率は 2.08 に達し、……この数字は、アメリカ（4.0）やスウェーデン（2.36）などの離婚先進国に比べれば低いものの、日本でも離婚が珍しくなくなったことを表している。

ノルウェー

出　所		テキストの内容
新聞	P. 158-160	日本は世界一の新聞大国と言える。全国紙、地方紙 122 社が、毎日（朝・夕刊合わせて）推定約 7,200 万部以上の新聞を発行している。ユネスコの統計によると、この部数は崩壊前の旧ソ連の約 1 億 4,000 万部を除けば、アメリカの 5,700 万部、中国の 2,800 万部、イギリスの 1,900 万部、フランスの 1,300 万部を上回る数字である（94-96）。普及率で見ても、日本は人口 1,000 人当たり約 580 部で、ノルウェーの約 610 部についで高い。これはドイツの 394 部、イギリスの 332 部、アメリカの 212 部という普及率をしのぎ、新聞の大好きな国民であることを示している。

韓国

出　所		テキストの内容
邦楽	P. 372	……宮廷の行事の際に演奏される儀式音楽。古代に中国・朝鮮半島から入った音楽で、日本音楽の最も古い姿を残しているものと言える。
陶磁器	P. 400	日本最初の陶器は、奈良時代に中国の唐三彩を模して作られたと思われる、なら三彩と呼ぶ白・緑・茶の釉薬を用いたものである。……本格的な陶器が焼かれるのは鎌倉時代で、瀬戸の藤四郎という人が、中国から技術を移入したもので、壷や水差し、香炉、仏具などが作られた。……戦国時代を経て豊臣秀吉により天下統一が成され、……加えて、秀吉による朝鮮侵略の際、大名たちが朝鮮の陶工たちを連れ帰って各地に窯を作り、陶磁器作りはたいへん盛んになった。
仏教	P. 440	仏教が日本に公式に伝えられたのは 538 年、朝鮮の百済からとされているが、すでに 5 世紀には大陸からの渡来人によってもち込まれ、信仰されていたと言われている。……鎌倉仏教と呼ばれる日蓮宗、浄土宗、浄土真宗、禅宗など、今日の日本の仏教の主流を成す宗派は皆この時代に生まれたものである。いずれも奈良時代以来の仏教の貴族的、学問的な色彩とは異なり、……。

出　所		テキストの内容
キリスト教	P. 450	日本にキリスト教が最初に伝来したのは、1549年、カトリック・イエズス会の宣教師フランシスコ・ザビエルの来日によってであった。……現在キリスト教信者は約58万人（2003年末）。……ザビエルに始まる初期布教時代と比べ、この数字はあまりにも少ない。……日本人にとって、キリスト教はしょせん根付かぬものなのだろうか。元来、多神教的であった神道の影響が根底にあるのだろうか。同じアジアにある隣国・韓国では、仏教と比べてもキリスト教が大きな影響力を有しているのを考えると、これはきわめて興味深い現象である。

スイス

出　所		テキストの内容
日本の流通と物価	P. 312-314	95年の経済企画庁の調査による東京の物価水準は、ニューヨークの1.59倍、ロンドンの1.52倍、パリの1.34倍、ベルリンの1.35倍、ジュネーブの1.02倍とされている。バブル崩壊以降、低成長が続いた日本は、物価が比較的安定した動きとなった。内閣府は2001年3月、「緩やかなデフレーション（持続的な物価下落）にある」と、戦後初めてデフレにあることを認定した。

インド

出　所		テキストの内容
碁・将棋・マージャン	P. 216	将棋はチェスの東洋版と考えればいい。……碁も将棋も、遣唐使や入唐僧などによって中国から伝えられたものとされ、特に将棋はインドが発祥と言われている。……マージャンも中国からの伝来。

その他

出　　所		テキストの内容
日本人の死生観	P. 44	日本は自殺が多いと言われるが、人口10万人当たりの自殺率は24.1人（2002年）世界第10位で、世界第1位のリトアニアの44.7人、世界第2位のロシアの38.7人などに比べると低い（台湾は15.2人、2002年世界第23位ポーランドに相当）。日本では「死によって活かす」自殺は、それ自体が潔い行為と見られ、罪悪視されることはない。これには仏教の厭世思想が果たした役割が大きく、自殺をタブーとするキリスト教文化圏の思想とはたいへん異なっている。
集団主義	P. 46-48	……日本人と欧米人とのいちばん顕著な違いを、日本人の集団重視に見ている。日本人といえどもこの見方は異論はないだろう。 集団主義には当然ながらプラス、マイナスの両面がある。戦前の無批判な軍国主義化は後者であろうし、戦後の高度成長の原動力となったニッポン式経営は、たとえ一部にエコノミック・アニマルと批判を浴びても、全般的にはプラスの集団主義であり、外国から「日本に学べ」の声も出るわけである。しかし、当の日本ではこれとは逆に個性化、多様化への志向が年々強まっており、集団主義を日本人の永久不変の特性とする見方が見直される時代も来るかもしれない。
日本人の言語行動	P. 56	日本人は会話中にあいづちやうなずきを頻繁にする習慣があると言われる。……こうした日本人と接して欧米人が「彼は確かにあのとき肯定した」と受け取ったとすれば、当の日本人にとっては予想外のことである。逆に、こうしたあいづちやうなずきに慣れた日本人は、会話中に相手の話に何の反応も示してこない欧米人に不安感─この人は私の話を聞いてくれるのか？──を感じることになる。
日本人のジェスチャー（1）	P. 60	日本人のあいさつでは体と体の接触はないのが普通で、握手の習慣は伝統的なものではない。日本人も握手をすることがあるが、日本人と外国人、立候補者と選挙民、タレントとファンなどの特殊な関係である場合が多い。
間人主義	P. 82	欧米で社会の基本は個人主義であるが、日本では"間人主義"であると言う人もいる。

出　所		テキストの内容
暮らし	P. 108	殺人発生率は人口10万人に対して1.2人と先進国の中では最も低く、世界でも最も安全な国と言える。……日本の都市は地価が高いため、都市部ではなかなかマイホームがもてず、1戸当たりの床面積も89.6 m²と欧米に比べると狭い。下水道の普及率も全国平均で58％で、欧米の水準よりかなり低い。
家庭	P. 114	欧米先進国の例に漏れず、日本でも核家族化は時代の趨勢である。
	P116	……戦後の主婦の地位を最も象徴的に物語っているのは、主婦が一家のさいふを握ったということだろう。欧米では一家の家計を預かるのは夫で、妻は必要な生活費だけを夫からもらうというのが一般的なようだが、……。
家計	P118	総務庁の貯蓄動向調査によると、2000年末の1世帯平均貯蓄現在高は1,356万円で、……欧米先進諸国と比べるときわだって高いほうである。
住宅	P120	……日本の住宅は、かつて「ウサギ小屋」と評されたように、欧米に比べて一般に狭い。建設省の資料によると、日本の新築住宅の1戸当たり床面積は97.5 m²（99年）で、アメリカの162.0 m²（89年）には及ばないものの、フランスの105.5 m²（88年）やドイツの94.8 m²（91年）をやや下回っている。
耐久消費財と日本的家具	P. 122	……現在欧米でも人気を呼んでいるビデオは、81年に5.1％だった普及率が89年には63.7％、98年には76.8％と急速に広まりを見せている。日本人は、欧米並みかそれ以上の近代的な暮らし方をしていると言えよう。
	P. 124	畳は、日本住宅の床上に敷くもので、欧米で言えばじゅうたんのようなものに当たる。…… 欧米のベットに当たる日本の寝具が布団で、畳んで押し入れなどに入れておき、寝るときに畳の上に敷いて使う。 日本人の風呂好きは有名だが、欧米のシャワーと違って、日本では大きな湯船にたっぷり湯を張って、ゆっくりとつかる。 こうした日本家具に対する関心は欧米でも高まっているようで、日本旅館が外国人観光客に人気を呼んでいる。

出　所		テキストの内容
日本料理と食材	P. 130	……欧米型の食事と日本料理とを比べてみた場合、欧米型の食事は肉類、乳製品などを中心とした高カロリー、高脂質であるのに対して、日本料理はてんぷらを別にすれば、油を使った料理が少なく、低カロリー、低脂質であり、かつ栄養のバランスもよい。
結婚・離婚	P. 136	厚生労働省（旧厚生省）の『人口動態統計』によると、2005年に……離婚は26万1,929組で、離婚率は2.08に達し、……この数字は、アメリカ（4.0）やスウェーデン（2.36）などの離婚先進国に比べれば低いものの、日本でも離婚が珍しくなくなったことを表している。
新聞	P. 162	日本の新聞流通の大きな特徴は、戸別配達制度をとっていることで、新聞の93％は家庭や職場に直接配達される。宅配サービスがこれほど普及している国は外国にはなく、日本の新聞普及率の高さを支える大きな要因にもなっている。
道路網	P. 168	欧米では1920年代から自動車が普及し、道路も整備されていったが、日本で自動車が普及したのは戦後になってからである。……特に、1950年代後半以降の高度経済成長に入ってから、貨物輸送が飛躍的に増大し、……自動車は陸上輸送の花形となった。
日本の治安	P. 172 -174	日本の治安のよさは、犯罪に関する各国のデータにも明確に現れている。96年の統計では、人口10万人当たりの犯罪の発生率が最も多いのはイギリスの9,745件で、次いでドイツ7,869件、フランス6,072件、アメリカ4,616件と続き、日本は1,608件と先進国の中では最も少ない。また人口10万人当たりの殺人発生率で見ても、アメリカ6.3人、フランス3.7人、ドイツ3.5人、イギリス2.7人に対し、日本は1.2人で最小である。一方検挙率を見ると、アメリカ21.3％、フランス28.7％、ドイツ52.3％、イギリス29.3％に対して、日本は38.2％で2番目に高い。……
日本の治安	P. 174	……日本の治安のよさの秘密は、日本独特の「交番・駐在所制度」にあるのではないかと分析して、外国の警察の中には日本を参考にするところも出てきている。……

出　　所		テキストの内容
社会保障	P. 178	日本の社会保障費給付額が国民所得に占める割合は欧米先進国に比べまだ低いが、急速な高齢化に伴い、社会保障費が増大、財政悪化の一因となっている。
学校生活	P. 184	……平日の授業時間は、小学生高学年以上はだいたい6時限で、世界の中でも長いほうに属する。……2か月を越す長い夏休みがあり、ほかにもイースター、クリスマスと何かにつけて休暇が多く、宿題も少ない欧米とはたいへんな違いである。
学校生活	P. 186	いじめは日本にかぎらず、欧米諸国にも見られる現象だが、日本では一般にいじめの要因として①一人ひとりの個性を伸ばす教育や教師のいじめへの認識が不十分②家庭・地域の教育力の低下③異質なものを排除する同質指向の社会意識が強い―などが挙げられている。……
ゴルフ・テニス・釣り	P. 202	ゴルフ場の数は、狭い国土に1,800か所もあり、ほとんどが民間経営である。最近は女性も目立って増えてきたが、料金が外国に比べてかなり高い点が泣きどころ。
相撲	P. 204-206	日本の国技である相撲は、日本人ばかりでなく近年は外国人の間にも人気を博している。……また、ハワイ出身の力士、高見山の活躍は、小錦・曙・武蔵丸・旭鷲山・朝青龍・琴欧州らの外国人力士の輩出をもたらし、相撲人気を国際化した点で特筆される。
柔道	P. 206-208	柔道の源は古代の武術、「柔術」にさかのぼるが、これを「柔道」と命名、明治時代初期にその基礎を確立したのは、当時東京大学の学生だった嘉納五郎である。……1951年に国際柔道連盟が発足、日本は52年に加盟した。2004年の時点で、国際柔道連盟には約187の国・地域が加盟、柔道人口は世界で500万とも言われる。
剣道・弓道・空手道・合気道	P. 212	空手は武器を一切使わない、徒手空拳の武技である。中国の唐時代に始まった中国拳法が沖縄に伝わり、「手」、「唐手」として発達したと言われている。……日本の空手は4大流派に大別できるが、各々多くの派があり、空手人口は、外国も含めて2,300万人に上るという。うち有段者だけで100万人余、その10％が海外と言われるぐらい、柔道と並んで外国人に人気があるスポーツとなっている。

出　所		テキストの内容
映画	P. 212-214	戦後の1950年前後は、"日本映画の黄金時代"とも言われ、小津安二郎（「東京物語」「晩春」）、溝口健二（「山椒大夫」「雨月物語」）、成瀬巳喜男（「浮雲」「めし」）、黒澤明（「羅生門」「七人の侍」）、木下恵介（「二十四の瞳」「日本の悲劇」）など世界的にも認められた監督が輩出し、ベネチア映画祭やカンヌ映画祭など海外の映画祭で激賞された名作が数多く生まれた。
公営ギャンブル・パチンコ	P. 218	……欧米の競馬がイギリスの貴族・王室を中心に発達し、上流階級色の強いものであるのに対し、日本の競馬は庶民のギャンブルとなっている点が特徴である。
官僚	P. 270-272	日本の官僚制度は非常に古い。千数百年前、大和朝廷（政権）が中国から導入した律令制が、時代とともに整備され、それに伴って官僚も育っていった。……明治になって日本は、欧米の思想・技術を積極的に入れ、急速に近代化したが、その原動力となったのが武士出身の行政官たちだった。彼らはこれまでの官僚組織を基礎に、欧米の行政制度をたくみに導入する一方、国立大学を設立、官僚の養成を図った。
税制	P. 280	日本の税制は、所得税、法人税など直接税が主体である。……「消費税」が導入されたのは、1989年と最近で、税率も3％と低く押さえられていた。97年4月から5％にアップされたが、それでもヨーロッパ諸国に比べると低い。
経済協力	P. 288	……日本は1991年から10年連続して世界第1位のODA供与国となった。……03年の二国間のODAの総額約89億ドルのうち、アジア向けは約63％を占めた。……日本のODAは、金額ではかつて世界一だったが、01年には米国に次いで第二位で、対GNP比率が低い。……
貿易構造と貿易摩擦	P. 300-302	輸入先でもアジア諸国が躍進しており、99年のシェアは39.6％で、アメリカの21.6％を大きく上回った。アジア諸国の中では最大の輸入先で、輸入総額の13.8％を占める。
	P. 302	1960年代以降、日本の輸出が急増する中で、外国との貿易摩擦が繰り返された。……2001年には中国からのネギなど農産物3品目の輸入が、国内の農家に大きい損害を与えているとして、日本では初めてセーフガードの適用に踏み切り、中国との貿易摩擦が発生した。……

出　　所		テキストの内容
世界で最も早い高齢化	P. 320	総人口のうち65歳以上の高齢者が占める割合は……日本の高齢化はEUの2倍のスピード、アメリカに比べると3倍のスピードで進行した。2000年には17.2％に至った。旧厚生省の予測によると、日本のこの比率は2020年には26.9％に高まり、国連の予測によるアメリカの16.1％、西ヨーロッパの20.2％を大きく上回ることになる。……
勤務時間・賃金	P. 330	1990年の製造業の一人当たり年間総労働時間は2124時間と、先進国の中で2000時間を超えるのは日本だけであったが、04年には1816時間に減少した。
ビジネスマンの一生	P. 344	欧米の契約第一主義は、日本の商売では第二段階的な問題と考えられている。日本の商売で第一に重要な点は、交渉相手が人間的に信用できるかどうかに懸かっている。……商売である以上、契約の履行は当然であるが、日本的商売においては最初から詳細な取引規定をせずに、大枠で合意することを好む。……いったん取引が始まると、その関係は長期的に継続される場合が多い。こうしたことが、外国の会社にとって新規参入を難しくする要因にもなっているようである。
庭園	P. 366	欧米の庭園が、樹木や石材を幾何学的に整然と配置するのに対し、日本の伝統的庭園は、自然の一部を再現する風景式庭園である。……
文楽・日本舞踊	P. 382	日本の舞踊が、西洋の舞踊、すなわちバレエと最も異なる点は、バレエがトーシューズでつま先立ち、跳躍するのに対し、日本舞踊はすり足で、むしろ腰を入れて足拍子を踏むところにある。……
絵画	P. 396	……西洋絵画の油絵は、顔料を油で溶くことによって色を自由に混ぜ合わせ、好みの色彩が得られるが、日本画ではそれはできず、また、重ね塗りもできない。日本画には単色画と彩色画がある。単色画には、墨の線だけによる「白描」と、墨の濃淡によって物体の量感や空間を表す「水墨画」がある。いずれも中国から伝わった技法であり、……室町時代の雪舟によって日本的な水墨画が生み出されたとされている。
日本の文学(5)―近代	P. 424	江戸時代の鎖国政策から脱し明治に入ると、日本の近代化への歩みは着実に進められ、文学もまた二葉亭四迷のツルゲーネフに関する翻訳紹介や上田敏の訳詩集『海潮音』などに見られるように、海外の文芸思潮を取り入れ、新しいあり方を探ってきた。

出　　所		テキストの内容
キリスト教	P. 450	日本にキリスト教が最初に伝来したのは、1549年、カトリック・イエズス会の宣教師フランシスコ・ザビエルの来日によってであった。……現在キリスト教信者は約58万人（2003年末）。……ザビエルに始まる初期布教時代と比べ、この数字はあまりにも少ない。……日本人にとって、キリスト教はしょせん根付かぬものなのだろうか。元来、多神教的であった神道の影響が根底にあるのだろうか。同じアジアにある隣国・韓国では、仏教と比べてもキリスト教が大きな影響力を有しているのを考えると、これはきわめて興味深い現象である。
犬・猫	P. 486	中国語や英語の表現と同じように、日本語の表現でも犬のイメージはよくない。「犬死にする」は「むだに死ぬ」の意味だし、単に「イヌ」と言えば、「スパイ、回し者」のことで侮辱語である。……日本では、欧米のようにしつけを厳しくしない。また愛犬は死ぬまでかわいがるが、不要な犬は簡単に捨てる風習がある。……
犬・猫	P. 486 -488	猫のイメージは悪く、「猫を殺せば七代たたる」とか「化け猫」などと言う。日本には魔女の手先という迷信はない。……仲が悪いのは、欧米では猫と犬だが、日本では猿と犬で、「犬猿の仲」と言う。猫の好物は、英米ではミルク、日本ではかつおぶしである。……
馬・牛	P. 488	馬を精力的と見るのは欧米と同じである。「馬力」と言えば、英語のhorse-Powerのほかに、活力、体力を意味する。……日本でも競馬は人気があるが、欧米のように上流階級から下層階級までが熱狂するというようなことはない。
タヌキ・キツネ	P. 492	……性質は陰性でずる賢いとされる。この点は欧米や中国と同じである。
タイ・コイ	P. 494	欧米では薄汚い魚、大食いで貪欲、ばか者といった、あまりよくないイメージをもたれているが、日本と中国では、勇気・忍耐・努力の象徴であり、男子の意気を表す。コイは滝を上って竜になるという中国の伝説に由来する、「コイの滝登り」という表現は、立身出世を意味する。……
ツル・カラス	P. 498	カラスのイメージは悪い。黒い姿、雑食性、耳ざわりな鳴き声などから、昔から不吉なことの象徴とされている。この点は、洋の東西を問わず同じである。
桜	P. 504	桜は日本の国花である。日本人にとって、桜は花の中の花であり、「花」と言えば桜を考える。欧米人のように、桜からサクランボのなる桜の木を思い浮かべるようなことはない。

參考文獻

中文

于爾根・費里德里。《全球化時代的資本主義》。張世鵬、殷敘彝編譯（北京：中央編譯，1998）。（原著：Jürgen Friedrich. "*Capitalism in the Global Age*"）。

方德隆。《課程理論與實務》。高雄：麗文，2001。

日鐵。《話說日本：經由15個話題來理解日本》。台北：大新，2004。

王寧。《全球化與文化研究》。台北：揚智，2003。

匡文波、任天浩。〈國家形象分析的理論模型研究——基於文化、利益、媒體三重透鏡偏曲下的影像投射〉。《國際新聞界》2013年第35卷第2期 pp. 92-101。

艾伍德。《全球化反思——粉碎假面經濟榮景》。王柏鴻譯（台北：書林，2002）。（原著：Wayne Ellwood. "*The No-Nonsense Guide to Globalization.*" Oxford: New Internationalist Publications in Association with Verso, 2001）。

佐島群巳、岩戶榮、須田坦男主編。《日本文化・社會・風土》。高曉鋼等譯。成都：四川大學，2002。

何祥如、謝國斌。〈當優勢族群遇到弱勢族群：評析多元主義在台灣的應用與實踐〉。《教育研究月刊》2006年第143期 pp. 82-94。

佛萊曼。《了解全球化：凌志汽車與橄欖樹》。蔡繼光等譯（台北：聯經，2000）。（原著：Thomas L. Friedman. "*The Lexus and the Olive Tree: Understanding Globalization.*" London: HarperCollins Publishers, 1999）。

吳侑倫。《必由之路？日本進入全球化的中國途徑：入江昭、大前研一與小室哲哉的論述》。台北：臺大政治系中國中心，2008。

希爾斯。《知識份子與當權者》。傅鏗、孫慧民、鄭樂平、李煜譯（台北：桂冠，2004）。（原著：Edward Shils. "*The Intellectuals and the Powers and Other Essays.*" Chicago: The University of Chicago Press, 1974）。

希爾斯特、格拉罕・湯普森。《全球化迷思》。朱道凱譯（台北：群學，2002）。（原著：Paul Hirst, & Grahame Thompson. "*Globalization in Question: The International Economy and the Possibility of Governance.*" 2nd ed. Cambridge: Polity Press, 1999）。

李園會。〈世界各國的教科書制度〉。《現代教育》1989 年第 13 期 pp. 18-26。

沈毓敏、楊育芬。〈台灣英語教學之文化探討〉。《中華民國第十二屆語文教學研討會論文集》。台北：文鶴，1996。pp. 13-14。

尚－皮耶・瓦尼耶。《文化全球化》。吳德錫譯（台北：麥田，2003）。（原著：Jear-Pieree Warnier. "*La Mondialisation De La Culture.*" Paris: Découverte, 1999）。

林欽明。〈用什麼來與外國人對話？是英語，還是文化？〉。《通識在線》2006 年第 6 期 pp. 13-14。

邱琡雯。〈文化國族主義的躍動：「日本人論」的再生產與消費〉。《當代》2004 年第 81 卷（總 199）pp. 72-81。

致良日語工作室編譯。《日本剖析》。初版。台北：致良，1998。

致良日語工作室編譯。《日本剖析》。二版。台北：致良，2006。

哈洛德・詹姆斯。《經濟全球化：朗布伊耶，1975 年 11 月 15 日》朱章才譯（台北：麥田，2000）。（原著：Harold James. "*Die Globalisierung der Wirtschaft: Rambouillet, 15. November 1975.*"）。

馬丁・沃夫。《新世界藍圖：全球化為什麼有效》。李璞良譯（台北：早安財經文化，2006）。（原著：Martin Wolf. "*Why Globalization Works.*" New Haven: Yale University Press, 2004）。

張祝芬。《如何選用教科書》。台北：漢文，1995。

張崇旂。〈從比較文化談臺灣英語學習的文化衝突〉。《興大人文學報》2010 年 pp. 267-288。

盛盈仙。《人與社會的建構：全球化議題的十六堂課》。台北：獨立作家，2006。

湯林森。《文化全球化》。鄭棨元、陳慧慈譯（台北：韋伯，2003）。（原著：John Tomlinson. "*Globalization and Culture.*" Chicago: University of Chicago Press, 1999）。

黃自來。〈美國文化價值觀與英語教學〉。《人文及社會科學教學通訊》1992年第3卷第4期 pp. 4-25。

黃振球。〈談學校如何遴選教科書〉。《臺灣教育》第543期 pp. 12-15。

新日本製鐵株式會社能力開發室編著。《日本－姿與心－》。台北：漢思，2003。

楊雪冬。《全球化》。台北：揚智，2003。

楊景堯。《全球化的學習與理解：國際教科書檢視與專題分析》。台北：國立編譯館，2010。

劉建基。〈從文化的觀點論台灣的英語教學——由「全球在地化」談起〉。《外國語文研究》2004年第1卷 pp. 21-31。

鄧慧君。〈文化背景知識與語言理解〉。《英語教學》1994年第18卷第4期 pp. 1-55。

黎家慶。〈收放之間——談教科書的開放與審查〉。《臺灣教育》。台北：漢文，1995。pp. 76-79。

鮑曼。《全球化：對人類的深遠影響》。張君玫譯（台北：群學，2001）。

戴維揚。《語言與文化》。台北：文鶴，2003。

韓立紅。《日本文化概論》。天津：南開大學，2003。

藍順德。《教科書政策與制度》。台北：五南，2006。

魏世萍。《日本文化教科書研究論文集》。新北市：華藝數位，2011。

蘇順發。〈淺談英（外）語教科書潛藏的文化宰制現象及其衍生的文化教學問題〉。《英語教學》1999年第23卷第4期 pp. 16-25。

顧百里。〈教外籍人士華語文應注意的問題〉。《華文世界》第86期 pp. 67-74。

英文

Claire J. Kramsch. *"Language and Culture."* New York: Oxford University Press, 1988.

Edward Burnett Tylor. *"Primitive Culture: Researches into the Development of Mythology, Philosophy, Religion, Art, and Custom."* Vol. 1, Gardon Pr, p. 1.

H. D. Brown. *"Principles of Language Learning and Teaching."* New York: Prentice-Hall, 1980.

Martin E. P. Seligman, & Mihaly Csikszentmihalyi. *"Positive Psychology An Introduction."* American Psychologist, 2000.

Mary C. Waters. *"Ethnic Options: Choosing Identities in America."* Berkeley: University of California Press, 1990.

Melvin Lawrence DeFleur, & Sandra J. Ball-Rokeach. *"Theories of Mass Communication."* New York: Longman, 1982.

Mihaly Csikszentmihalyi. *"Beyond Boredom and Anxiety: Experiencing Flow in Work and Play."* San Francisco: Jossey-Bass Inc., 1975.

Mikk Jaan. *"Textbook: Research and Writing."* New York: P. Lang.

Nelson H. Brooks. *"Language and Language Learning: Theory and Practice."* New York: Harcourt, Brace, and World, 1964.

Patricia Johnson. *"Effects on Reading Comprehension of Language Complexity and Cultural Background of a Text."* TESOL Quarterly, 15, 1981, pp. 169-181.

R. C. Gardner. 'Learning another language: A true social psychological experiment.' *"Journal of Language and Social Psychology,"* 2(1983), pp. 219-240.

R. C. Gardner, & W. E. Lambert. 'Motivational variables in language acquisition.' *"Canadian Journal of Psychology,"* 13(1959), pp. 266-272.

R. Clement, & B. G. Kruidenier. 'Aptitude, Attitude, and Motivation in Second-Language Proficiency: A Test of Clement's Model.' *"Journal of Language and Social Psychology,"* 4(1985), pp. 21-37.

Ruth R. Cornfield. *"Foreign Language Instruction: Dimensions and Horizons."* New York: Appleton-Century-Crofts, 1968.

Ulrich Beck. *"The Reinvention of Politics: Rethinking Modernity in the Global Social Order."* Cambridge, MA: Polity Press, 1997.

日文

アンナ・バルスコワ。「ロシア人大学生の日本語学習の動機づけについて」。2006 新潟大学国際センター紀要（2）pp. 144-151。

荒井智子。「台湾人日本語学習者の動機づけ―四年制大学応用日本語学科を例にして」。『明海日本語』2006 年第 10、11 集 pp. 25-36。

池田摩耶子。『講座　日本語教育』第 9 分冊。東京：早稻田大學語學教育研究所，1971。

石田敏子。『改訂新版　日本語教授法』。東京：大修館，1988。

奥西峻介。「日本事情の授業・3―日本事情から日本文化へ、そして……」。『言語』1990 年 10 月号 pp. 42-47。

郭俊海。「中国人大学生の日本語学習の動機づけについて」。2006 新潟国際センター紀要（2）pp. 118-128。

倉地暁美。「学習者の異文化理解についての一考察―日本語・日本事情教育の場合―」。『日本語教育』第 71 号。

佐々木瑞枝。「日本文化の見方に関する　日本語教育と国語教育」。『日本語学』1991 年 10 月号。

佐々木高明。「畑作文化と稲作文化」。朝尾直弘等編。『岩波講座日本通史』第一巻。東京：岩波，1993。

佐藤夏子。「韓国と日本の大学生の英語学習動機と学習行動」。『日本実用英語学会論叢』2009 年第 15 号 pp. 13-20。

壽岳章子。『日本語と女』。東京：岩波，1970。

竹村信夫。「日本文学における他者の系譜―擬態される〈他者〉の文化の位相」。鶴田欣也編。『日本文学における他者』。東京：新曜社，1994。

寺尾秀夫『講座　日本語と日本語教育 13 日本語教授法（上）』。東京：明治書院、1992。

中村春作。「日本文化學」。奥田邦男編。『教職科学教育学』。東京：福村，1992。

芳賀綏。『日本語講座　第 3 巻　社会の中の日本語』。東京：大修館、1976。

林さと子。「日本語教育における文化の問題」。『日本語学』1989 年 12 月号 pp. 14-20。

細川英雄。「ことば・文化・社会を学ぶ―学習者主体の『日本事情』教育のあり方について―」。『講座　日本語教育』第 30 分冊。東京：早稲田大学語学教育研究所，1994。

細川英雄。『考えるための日本語』。東京：明石書店，2004。

光田明正。『講座日本語と日本語教育 13 日本語教授法（上）』。東京：明治書院，1992。

水谷修。「特集　日本事情　日本事情とは何か」。『言語』1990 年 10 月号 pp. 22-27。

水谷修。『日本事情ハンドブック』。東京：大修館，1995。

宮田斉。「語学教育と文化的背景」。『講座日本語教育』第 5 冊。東京：早稲田大学語学教育研究所，1971。

森まどか。「モンゴル人日本語学習者の日本語学習動機に関する分析」。『語文と教育』2006 年第 20 号 pp. 105-115。

姚豔玲。「中国語初級学習者の学習動機と学習状況」。『研究資料集』2008 年第 16 号 pp. 27-39。

國家圖書館出版品預行編目（CIP）資料

「文化全球化」與「全球在地化」景況中日本文化教科書自他論述的策略／
蔡嘉琪，魏世萍著 -- 初版 . -- 新北市：
華藝學術出版：華藝數位發行, 2015.02
面；公分
ISBN 978-986-5663-62-9（平裝）
1. 文化研究　2. 日本

541.263　　　　　　　　104002175

「文化全球化」與「全球在地化」景況中日本文化教科書自他論述的策略

作　　者／蔡嘉琪、魏世萍
責任編輯／謝佳珊、趙凰佑
美術編輯／ZOZO DESIGN

發 行 人／鄭學淵
總 編 輯／范雅竹
發行業務／陳水福
法律顧問／立暘法律事務所 歐宇倫律師
出　　版／華藝學術出版社（Airiti Press Inc.）
　　　　　地址：234 新北市永和區成功路一段 80 號 18 樓
　　　　　電話：(02)2926-6006　傳真：(02)2923-5151
　　　　　服務信箱：press@airiti.com
發　　行／華藝數位股份有限公司
　　　　　戶名（郵局／銀行）：華藝數位股份有限公司
　　　　　郵政劃撥帳號：50027465
　　　　　銀行匯款帳號：045039022102（國泰世華銀行 中和分行）
ISBN ／ 978-986-5663-62-9
DOI ／ 10.6140/AP. 9789865663629
出版日期／2015 年 2 月初版
定　　價／新台幣 320 元

版權所有・翻印必究　Printed in Taiwan
（如有缺頁或破損，請寄回本社更換，謝謝）